U0117576

歷代蓮花人詩詞選

賀 志 堅 主編

文 學 叢 刊
文史哲出版社印行

國家圖書館出版品預行編目資料

歷代蓮花人詩詞選 / 賀志堅主編. -- 初版. --
臺北市：文史哲，民 94
面: 公分 -- (文學叢刊；180)
ISBN 978- 957-549-640-1 (平裝)

831　　94023912

文學叢刊 180

歷代蓮花人詩詞選

主編者：賀　志　堅
出版者：文史哲出版社
http://www.lapen.com.tw
登記證字號：行政院新聞局版臺業字五三三七號
發行人：彭　正　雄
發行所：文史哲出版社
印刷者：文史哲出版社
臺北市羅斯福路一段七十二巷四號
郵政劃撥帳號：一六一八〇一七五
電話886-2-23511028・傳真886-2-23965656

實價新臺幣四二〇元

二〇〇五（乙酉）年十二月初版

ISBN 978-957-549-640-1

《歷代蓮花人詩詞選》編輯組成員

前排左起: 賀志堅　陳天相　李白帆　李炳恩
後排左起: 陳移新　李良才　賀樹生　周忠林

代　序

——從《歷代蓮花人詩詞選》泛論傳統詩、詞應如何普及化的思考

中國傳統詩詞，是中華民族文化絢麗璀璨的奇葩！

中國傳統詩詞，是中華民族文化特殊的象徵與標竿！

如果文化也可以說成商品，那麼它便是世界文化商品中，特殊的產品和品牌。而且，數千年來，這個世界級的文化品牌，至今還沒有發現另一種同質的產品能替代它。這是我們中華民族文化的光榮與驕傲。

而詩，它具有一種拘謹的、含蓄的，既純潔而又高尚的格調、意境與情懷。

而詞，它具有一種浪漫的、奔放的，既優雅而又綺麗的意味，多采又多姿！

兩者，具備各種性質、內容與形式。不論您抒情，你詠物，你敍事或懷古與思人，可以互相聯句，可以互相合韻……無論你高唱低吟、怨嗟狂嘯，或者引吭放歌、輕聲朗誦，都能予人慷慨悲愴、清新舒暢、感情愜意的感受。

所以，一代聖人孔子就說：“詩，可以興，可以觀，可以群，可以怨。近之事父；遠之事君。多識於鳥、獸、草、木之名……”如果，把它說明白一些，就是：“詩，

可以激發人的心志；可以觀察時政的得失；可以溝通大衆的意見；可以發泄人的尤怨。在家可以懂得事奉父母，推而廣之，可以知道，爲國家人民服務的道理。此外，也可從中認識許多花草、鳥獸、蟲魚的名稱……”。套一句現代流行的話，學詩，寫詩，真是好處多多。

基於這一主旨，蓮花縣的幾位愛好詩、詞的人士，倡議編選一部《歷代蓮花人詩詞選》。消息傳來，我立即舉手贊成，請我的老師李白帆先生總其事，並慨允負擔全部印刷費用，以促其儘快成書。

我雖不懂傳統的詩詞的寫作，但從小由我父親柏林公，自五歲起，就教我背會了許多詩詞，連《女兒經》，至今猶能朗朗上口；雖然，七十多年過去了，慈父也早已見背，但我仍清楚記得，他第一次教我背誦的一首童詩“一望二三里，遠看四五家，門前六七樹，八九十枝花”。父親爲了加深我的印象和記憶，用紅筆寫在一張白紙上，就貼在我吃飯的桌子前方的木板牆上，好讓我天天看得到，自己朗讀。隔了幾天，父親又弄來了一本《唐詩》，因爲，我們是賀知章的後代，所以父親叫我背《唐詩》，也是從賀知章公的“回鄉偶書”先開始的那句：“少小離家老大回”，不僅在我的記憶裏，牢牢地扣緊了我的心弦，更不幸的是，它竟成了我日後離家的讖語了！而且更慘的是，還“老大難回”呢！這是我父親當時教我背唐詩時所想不到的！

雖然，一詩成讖，真的成了“少小離家，老大難回”

的先兆，但在我半生中，唐詩這本書，還是天天放在我身邊，一有空就隨手拿來誦讀個一兩首，也因此更加喜愛它。所以，我也曾出版過一部上下兩冊的《唐詩選讀》。這本書的內容，包括注解、語譯、賞析和詩話四部分，另附有精致的插圖；其中的"詩話"，尤其是市面上衆多版本所沒有的，並由我讀師範大學時的老師黃錦鋐所長親筆爲我寫序。他把序交給我時，就說，這是一本好書，可以當中小學教師的輔助教材，以前還沒有人這樣寫過，趕快出版。更值得一提的是，這本《唐詩選》在未出版前，先在報章、雜誌上單篇連載。我的另一位老師王洪鈞所長，是我讀文大新聞研究所的教師。他從美國來信告訴我："來美國多年，因客居异鄉，雖此地山水明媚，氣候宜人，但心情仍無着落；幸出國時，攜有仁弟所著《唐詩賞析》影印本（出版時，奉黄老師指示改爲《唐詩選讀》)，常取出拜讀，不勝低回惆悵；亦想吟詩遣懷，但因不懂音韵，無從著筆，希望今後多讀唐詩之後，也能習吟，屆時將寄給您指教。（附注：老師對人很客氣，對學生也如此。）我已七十七歲，但仍讀書寫作，今年九月在臺灣臺北市記者公會出版了我近五十年講演及文章選，書名爲《臺灣新聞產業發展證言》，非賣品，可向臺北市記者公會索取……

王洪鈞　九月二十六日"

我之所以將這封信附上，是要說明，傳統詩詞的學習與寫作，對一個學習文學的人，是多麼的重要。我的兩位老師，都曾擔任過研究所所長的職務，學有專精，而且當時都是八九十歲以上高齡，他們還是不斷地在研讀、學習傳統詩詞，可見傳統詩詞，在我們日常生活、工作、學習過程中的重要性，特別提出呼籲，千萬不能忽略學習傳統詩詞這門功課啊。

因此，我要藉著這次《歷代蓮花人詩詞選》的出版，來呼籲我們每一位詩家詞人。要發揮各自的成就，有系統的、有步驟的，指導想學習傳統詩詞的人，要能深入社會各個群體中去，尤其是各級學校的師生群中去，使傳統詩詞，能更深化、更普及；使傳統詩詞更現代化，即讓傳統詩詞的平仄、押韻……化繁複爲簡易，變晦暗爲明朗；換艱深爲淺顯，達到人人能隨口吟詩、隨聲歌唱、樂意誦讀、隨心寫作的地步，那麼，《歷代蓮花人詩詞選》的出版，也就顯得有其意義。對傳統詩詞的寫作，放寬限制及謀求改革，乃是一種必要、一種趨勢。

其實，世上許多事情都在創新求變。我國的傳統詩詞，其實也是從《詩經》、《楚辭》、《樂府曲》等古體詩詞中，漸次演變過來的。比如說：李白、杜甫等，這些歷史上偉大的詩人、名家，他們都是傳統詩詞的繼承者，而他們對古體詩詞，也都做了許多改革、嘗試、創新與發展的工作，也寫出了許多不受平仄限制，不求格律拘謹，只求音韻疊律的詩詞，流傳後世，令讀者讚歎！其手法與技巧都採取了自由、自然的表現方法。如：李白的“將進酒”、“蜀道難”及杜甫的“兵車行”等。

當然，既然標明的是律詩古詞的，還是應該要符合傳統詩詞的基本要求。

《歷代蓮花人詩詞選》的出版，我們就以這一心態著手。希望能藉這次彙集起來的詩詞，讓大家喜歡上詩詞，更希望一些學詩詞、寫詩詞的朋友，今後更能在學、寫之間，得心應手，寫出更出色的詩詞來，那也算是後繼有人了！

最後，我再次強調，古詩詞如何深入社會、深入群衆，還需要我們致力於此領域的人共同來努力！學校老師多選用詩詞教導學生；廣播電臺選些優良詩詞與聽衆分享；報章雜誌，可開闢專欄、專頁擴大版圖，以吸納新血。使傳統詩、詞與新時代的白話新詩，齊頭並進，共生共榮；使古體詩、詞與新白話詩、歌真正地進入農村，進入工廠，進入學校，進入廣大的群衆中，讓社會大衆工作中有詩、詞味，生活中有詩、詞味，書信中有詩詞，言談中有詩詞，創造成一個真正的"學習型社會"，使整個中國大地，成爲詩歌大地，擴展到世界各國，也掀起一股中國詩詞熱潮。大家一起來誦讀中國的詩詞，來學唱中國詩詞，這不僅發揚了古中國詩詞的盛世風氣，也重振了我們古中國詩詞王國的聲威！

果真如此，我要大聲的說："壯哉！《歷代蓮花人詩詞選》的結集與出版，功莫大焉！"

賀志堅

二OO五年歲次乙酉端午節

寫於臺灣省板橋市蓮花廳書舍南窗下

目　　録

代　　序……………………………………1

上篇（舊體詩）

元朝

釋惟則詩十一首……………………………1
周霆震詩一首………………………………3
賀　宧詩一首………………………………3
賀仲善詩一首………………………………4
賀民秀詩一首………………………………4

明朝

賀守約詩二首………………………………4
江玉琳詩三首………………………………5
李天麟詩一首………………………………6
王誠忠詩一首………………………………6
文　篆詩一首………………………………6
劉國柱詩一首………………………………7
李甘柬詩一首………………………………7
陳　鼎詩二首………………………………7
陳　忭詩一首………………………………8
陳　懽詩一首………………………………8
周　時詩一首………………………………9
陳中時詩一首………………………………9

朱士景詩一首……10
陳　體詩三首……10
劉元卿詩三首……11
江爾海詩三首……13
李嗣晟詩七首……14
劉上卿詩一首……16
劉吉贇詩一首……17
譚資釆詩一首……17
賀　覺詩三首……18
劉吉明詩一首……19
陳　興詩二首……19
龍有珠詩一首……20
賀　桂詩四首……20

清 朝

尹　掞詩二首……21
尹是瑚詩二首……23
尹是璓詩一首……24
段逢朝詩一首……24
釋曉雲詩四首……24
釋元鑒詩一首……25
釋勝雲詩一首……25
釋仙道詩一首……26
釋力宗詩一首……26
賀　斆詩二首……26

賀雲吉詩一首……………………………………27
龍科寶詩五首……………………………………28
劉中柱詩一首……………………………………29
李枝起詩一首……………………………………30
李枝煥詩一首……………………………………30
李猶龍詩一首……………………………………30
賀健林詩一首……………………………………31
周天球詩八首……………………………………31
賀　禧詩一首……………………………………33
陳　迥詩一首……………………………………33
顏雲聳詩三首……………………………………33
李世輔詩一首……………………………………34
劉一珠詩七首……………………………………35
陳世藩詩一首……………………………………37
陳恭偉詩一首……………………………………37
蔡儒業詩三首……………………………………38
陳良棟詩四首……………………………………38
蔡順綱詩九首……………………………………39
蔡昌辰詩七首……………………………………41
郭之祥詩四首……………………………………43
賀　恢詩十首……………………………………44
陳世浚詩一首……………………………………47
陳立光詩一首……………………………………47
朱之傑詩二首……………………………………47

陳恭灼詩八首……………………………48
陳世綍詩一首……………………………50
陳志純詩十二首…………………………51
陳立崇詩一首……………………………54
朱益藩詩六首……………………………55
陳志武詩一首……………………………57
羅天載詩一首……………………………57
郭寶鼎詩二首……………………………57
賀祖漢詩一首……………………………58
江庭甲詩三十一首………………………58
江汝鼇詩一首……………………………68
賀吳生詩一首……………………………69
賀文炤詩一首……………………………69
劉光頎詩一首……………………………69
賀持斗詩二首……………………………70
段之敘詩一首……………………………70
劉方榮詩一首……………………………71
甘相明詩一首……………………………72
陳　藉詩一首……………………………72
彭秉恕詩一首……………………………72
劉　钛詩一首……………………………74
金　映詩一首……………………………74
李之轍詩二首……………………………74
李本仁詩一首……………………………75

李聲振詩一首……………………………75
李鳴鳳詩一首……………………………76
李乘雲詩一首……………………………76
陳　逵詩一首……………………………76
陳文孫詩一首……………………………77
甘萬里詩一首……………………………77

民　國

郭勉難詩四首……………………………77
李蝦齡詩一首……………………………78
劉乃祺詩一首……………………………79
李玉佩詩二首……………………………79
李彝重詩六首……………………………80
陳立發詩一首……………………………81

現　代

李步青詩一首……………………………82
周承德詩二首……………………………82
李白帆詩詞三十三首……………………83
賀英燦詩詞二首…………………………92
劉建喜詩一首……………………………92
郭貺予詩三首……………………………93
周福開詩一首……………………………93
毛鍾雯詩二首……………………………94
朱絳羨詩一首……………………………94
肖光明詩一首……………………………95

朱嘉榮詩六首……………………………95
郭燦文詩二首……………………………96
賀志堅詩二十三首………………………97
周握仁詩二首……………………………102
劉治平詩五首……………………………102
劉紅生詩四首……………………………103
文　胤詩詞六首…………………………104
淡溪叟詩詞三十五首……………………106
李存謙詩十一首…………………………118
楊才庭詩詞三首…………………………120
賀奎霖詩一首……………………………121
周忠林詩八首……………………………122
郭祖德詩八首……………………………124
龍天雄詩詞曲十三首……………………126
謝　岳詩六首……………………………128
賀高雲詩一首……………………………130
李谷成詩十首……………………………130
王添瑞詩三首……………………………134
周輝道詩二首……………………………135
嚴國強詩一首……………………………135
周榮新詩二首……………………………135
郭茂生詩詞六首…………………………136
周德頤詩三首……………………………137
周恢發詩二首……………………………138

李啓榮詩二首……………………………139
聶福民詩一首……………………………140
老　喜詩二首……………………………140
賀銀燕詩三首……………………………141
賀中軒詩詞十五首………………………141
楊興隆詩九首……………………………145
劉　丹詩二首……………………………148
蔡正雅詩十二首…………………………148
韓敬群詩一首……………………………152
劉桂華詩詞曲七首………………………152
周立榮詩三首……………………………154
賀冰華詩八首……………………………154
賀樹生詩詞十一首………………………156
賀蓮緣詩二首……………………………159
李良才詩七首……………………………160
金道華詩詞十首…………………………161
賀瑞華詩二首……………………………164
陳移新詩三首……………………………165
劉秋田詩十首……………………………166
朱夢瑕詩一首……………………………169
李冰嬌詩一首……………………………169

下篇（新詩）

郭龍桂十首………………………………171

賀志堅十五首……………………………174
甘炳文一首………………………………188
李秋菊四首………………………………189
賀一清二首………………………………190
周榮新一首………………………………191
嚴國強三首………………………………193
老　喜一首………………………………194
賀中軒二首………………………………196
段初發二首………………………………197
劉　丹一首………………………………200
彭霖山一首………………………………202
楊興隆一首………………………………204
金中賢一首………………………………207
周立榮一首………………………………209
邱　冬二首………………………………210
賀冰華二首………………………………210
賀樹生三首………………………………211
朱文瑞一首………………………………212
李良才一首………………………………214
肖祖德一首………………………………215
陳移新十二首……………………………216
劉利鋒一首………………………………227
郭鐵飛二首………………………………229
嚴　鷹三首………………………………231

陳樹德三首……………………………………235
李曉斌七首……………………………………237
顏　溶四首……………………………………246
陳利斕三首……………………………………249
李冰嬌二首……………………………………252
黃小名四首……………………………………254
朱生林八首……………………………………257
劉志剛一首……………………………………262
李曉君二首……………………………………264
劉新龍七首……………………………………267
朱利生四首……………………………………274
嚴波普三首……………………………………278

後　記…………………………………………281

舊體詩

元・釋惟則（1261 — ？），元代有名的高僧、詩人、園林藝術家。《元詩別裁》載有他的詩。俗姓譚，名天如，蓮花神泉桃嶺人。帝師授予他“佛心普濟文惠大辯禪師”，賜“金襴伽梨衣”。著《楞嚴會解》、《净土或問》、《精要語録》、《十戒圖説》、《獅子林別録》和《天如集》等書行世。其禪林蘇州獅子林，至今是旅游勝地。

天如翁勸世十首

其　一

有生有死大家知，知不回頭也是癡。
傀儡一棚看不厭，可憐終有散場時。

其　二

驢事未了馬事到，鈎鎖連環沒斷頭。
只管今朝又明日，等閒蹉過一生休。

其　三

蜣螂負糞常嫌少，老鼠搬金不怕多。
只道臨終將得去，臨終都不奈他何。

其　四

病來便作死承當，個是單傳秘密方。
你若目前無主宰，落湯螃蟹沒商量。

其　五

得休休去便休休，放去收來總自由。
畢竟勞生非久計，休將妄想挂心頭。

其　六

修行如買世間物，肯破慳囊事即圓。
只把口頭閑議論，恰如著價未還錢。

其　七

不知那個是我性，反復看渠渠是誰。
驀地相逢親識破，如魚飲水自家知。

其　八

工夫一步緊一步，鐵鑄牢關也拶開。
父母未生前面目，還他親見一回來。

其　九

密意從來在汝邊，通身都是祖師禪。
自家癢處忽抓著，海底蝦蟆飛上天。

其　十

一念不生成正覺，古人開口見心肝。
機先若解承當得，快便何消指一彈。

望　禾　山

突兀禾山倚自天，昂頭一望勢巍然。
雙童兩石倚南聳，五老數峰向北旋。
上辟天湖仙子泣，下書龍溪魯公傳。
書台三相迹猶在，毓秀鍾靈科第綿。

元・周霆震（？—？），蓮花人，生平事迹不詳。

徵　西　謡

邑同知綫，去歲領兵西行，嗜利滌入寇垂險迫之。委其衆奔還，義丁積骸遍野，存者十無二三，郡吏受賕，舞文未減其罪。今復承檄來南賂吏之資，悉取償焉。

去年征西喪師旅，暮夜懷金首如鼠。
吏弊嗜賄務欺瞞，僉謂罪疑兵氣沮。
一官失律忍致刑，萬夫性命何其輕。
群邪逞志忠義屈，無怪寇至無堅城。
今茲又複遷南戍，漁獵徧甿償宿負。
紛紛行伍被餘風，迎望賊旗盡回顧。
竊聞上方龍劍昨哀鳴，爲我提此斬血官街淋。
併取貪吏刳其心。

元・賀　宦（？—？），字子顯，蓮花琴亭人。

垂　花　岩

誰從太華摘餘芳，影落高岩掩碧蒼。
曆劫不磨仙露色，垂厓長映瑞霞光。
秀凝寒玉侵壺嶠，翠鬱雲根控石廊。
自是鍾靈元氣老，天風飄下乳花香。

元・賀仲善　（？—？），蓮花良坊人。生卒不詳。

寄兄孟敬巡檢省唐武翼大夫墓

象牙潭上高高峰，古祠遺像肅英風。
丹青塵土斷碑仆，有酒誰澆馬鬣封。
西南子孫獨兄在，五百年後兄爲雄。
身既爲儒本將種，威烈願繼武翼公。

元・賀民秀　（？—？），蓮花良坊人。生卒未詳。

大　不　橋

一橋天外鎖霓虹，野色遙連兩岸通。
曲澗流來咽石髓，小溪橫處度清風。
留題應有漢司馬，納履曾無黃石公。
相對悠然傷往事，知今誰展濟川功。

明・賀守約　（？—？），字約束，號禮齋，蓮花良坊人。以洪武乙卯貢授永新縣教諭、河南光山縣學博，所著詩文曲贍風華士林，至今猶傳誦不衰。

小坑原省始祖妣劉夫人墳

欲省吾宗鼻祖墳，侵晨芒竹度前村。
關河未洗紅塵劫，風雨重來白髮孫。
細草荒煙寒食路，深山古木小坑原。
摩挲翁仲尋碑碣，認是循良衆母門。

黎巷口省唐明府公墓

先塋黎巷口，老樹傲風煙。
過客看銅馱，摩挲六百年。

明・江玉琳（？—？），字正夫，蓮花三板橋棠市人。明宣宗宣德丁未（1427）年進士。曾官福建道監察御使、廣東道按察司僉事。

斑　竹　鋪

誰寫斑竹鋪，銀勾鐵畫長。
仙人何處去，翰墨有餘香。

琴亭懷古

彈琴人去是何年，尚有亭存曲澗邊。
相業一時垂鼎彝，聲華千古動山川。
秋風別調傳金昊，夜雨餘音漱玉泉。

寄語山林同愛護，鳳台今已暗雲煙。

碧 波 岩

高岩容坐嘯，笙鶴若聞聲。
雪意收寒炤，雲層發晚晴。
絳霄行欲近，碧海望還明。
將駕長風去，松喬萬古情。

明·李天麟（？—？），蓮花人。隱拱北觀，得旌陽清净之道。日事元修，闡發真諦，嘉靖六年見重于天師錫銅印，命爲都講，名公卿皆禮待之，後羽化時朗吟是詩，足見性靈超脱矣。

聚仙山拱北觀

聚仙山上聚群仙，興笑塵凡幾萬年。
試問蓬萊誰可到，茫茫弱水浩無邊。

明·王誠忠（？—？），蓮花高洲高灘人。曾任知縣。

游 高 天 觀

何年結屋應忘時，絕頂高邱種玉芝。
陰洞雲寒龍睡穩，霧天煙重鶴歸遲。
丹岩過雨添瀟灑，畫壁流螢照陸離。
便欲攜糧來共隱，哪怕風露砭人肌。

明·文　篆（？—？）字稚梓，蓮花琴亭人。

山馬朝天

仰天幾欲效騰驤，馴息應教伏大荒。
誰向空山相賞處，不將皮相屬驪黃。

明·劉國柱（？—？），蓮花路口人。生卒未詳。

贈引空人和韵

不是蒲團性本枯，每於坐定識真吾。
屬君珍重西來意，莫把無無作有無。

明·李甘東（？—？），蓮花人。生卒不詳。

問雲和尚并致金狂寄詩

聞道南村裏，青山無是非。
蓮池應有贈，荷葉制儒衣。

明·陳　鼎（1406—1483），蓮花神泉陳坊人。字有實，號顧齋，奮志詩書，過目成誦，經史百家，靡不精貫。以明經授山東沂水縣令，赴任時，大學士劉定之送行歌五章、七律一章，莅任有年，循良著績，封謚“狷介慈明”。調四川豐都縣，政簡刑清，庭無爭訟，邑人以“花封卧治”卷頌其德政。後特升廣西平樂府太守，賜朝儀大夫。告老還鄉後，著有《花封卧治卷》和《顧齋詩文集》。

游上峰寺

山回路轉樹蒼蒼，乘興攀登古佛場。
狂客自慚非鄭老，好僧端喜是支郎。
風閑花落苔邊石，煙細茶香竹裏房。
遊興未窮歸興逼，鐘聲陣陣送斜陽。

游南臺梵慧寺咏

重樓疊閣倚巉岩，孤寺疑懸碧落間。
柱杖迴臨塵外境，卷簾仍對畫中山。
休憐佛說恒河苦，且共僧留竟日閑。
卻笑未能離住相，夕陽西下不知還。

明·陳　忭（1463 — 1530），字德成，蓮花神泉陳坊人。存心忠厚，不以富貴動心，不以貧困易志，惟日以學書學劍，不屑二于浮名，辟幽谷，和百韵，淡泊寡營，壺觴自酌，笑傲終日，琴詩爲樂。著作有《書劍百韵》。

高崗砍樵

日影嵐光照眼明，行歌伐木亂丁丁。
西昌逸士今何處？仿佛猶留詠嘯聲。

明·陳　懽（1463 — 1530），字德裕，號逸弇。邑庠生，蓮花神泉陳坊人。天姿穎异，讀父書，勵志父業居沙頭，以詩文稱于世。著有《風雲集》。

鰲背壠

石經彎環幾問津，山重水複少遊人。
行行忽入親仁裏，雞犬桑麻景一新。

明·周　時（1494 — 1535），字毓鼎，號半溪，治易經，蓮花下坊斜天村人。晚年著有《八景詩園集》、《楊柳橋記》等，多散佚。

石廊洞

果是何年石洞開，巉岩高出碧雲隈。
就中有鳥能啼客，不是秦人莫浪猜。

明·陳中時（1496 — 1569），字聖若，號陋齋，邑廩生。公于居旁構一小室，曰："陋齋"，日坐其中，優游吟咏，以爲栖隱深處，嘗自制七律一章以寄興，諸名公悉，次其韵以和之。著有《陋齋集》。

陋齋詩

惟思楊子一亭廬，四顧山光四望墟。
守志恪遵先祖訓，虔誠勤讀聖人書，
冬含雪色平鋪玉，春透明光滿散珠。

一飲一瓢無改樂，閑來無事是安居。

明·朱士景（1508 —？），蓮花花塘人。曾任長沙知府。著有《盡心録》。

元　陽　洞

不遣登臨興，探奇古洞邊。
苔封仙履冷，霞映墨池妍。
高鳥盤岩樹，飛花落澗泉。
漫尋猿鶴侶，此意自悠然。

明·陳　體（1529 — 1574），字長人，號南國，學名子體，邑庠生，蓮花神泉陳坊人。隨父讀書，修邑歸試，游泮水，名噪郡邑。迄今讀其詩有：“李白桃紅縱艷冶，松青竹翠愈精神”之句，可想見其生平。著有《南園集》。

自　嘆

（一）

切切憂懷常在心，憂懷時至就申申。
陽春有脚終期到，人事無情抱不平。
李白桃紅縱豔冶，松青竹翠愈精神。
老天肯遂男兒志，做個瀟瀟灑灑人。

（二）

青春難再少年時，心事紛紛只自知。
綠鬢豈知增白髮，朱顏難拒減紅姿。
窗前事業由人習，架上詩書懶自持。
囑咐兒曹宜勉勵，他年好好紹宗枝。

南　園　詩

清高買就占離墟，杜甫春遊愛策驢。
兩岸雲煙時斷續，四時風月足怡愉。
野花秋盡開金蕊，露草朝來散玉珠。
賞罷采蔬歸舊宅，和羹安享複何如？

明·劉元卿（1544 — 1609），字調甫，號旋宇，一號瀘瀟，蓮花坊樓南陂人。是著名的理學家、教育家、文學家。人稱"心學先生"，一生孜孜于理學，引起朝野重視，萬曆十七年（1589年），神宗特徵聘爲禮部主事，并授"國子博士"、"階承德郎"銜。著述有《大學新編》、《山居草》、《還山續草》、《通鑒纂要》、《六鑒》、《諸儒學集》、《賢奕篇》和《劉聘君全集》。

陪楊淇園明府游書林洞

武功高哉淩紫煙，陰陰三十六洞天。
雷岩蒙茸不可即，下有書林古洞連。
書林自古仙人迹，白晝燃犀照鮫室。
其中百折巧玲瓏，七日誰將混沌辟。

碧連參差陷蒼苔，白雪千年凍不開。
下有伏流之奔水，上有百尺之懸岩。
岩上軍持有鸚鵡，石聲琤琤喧鐘鼓。
夜靜遼海鶴歸來，雙雙華表當門戶。
已見胡麻種石田，況複天酒滴涼涼。
我欲餐之從赤松，冷然兩腋禦天風。
天風吹我飄飄起，扶搖九萬差能比。
無奈孤高不可持，歸心還入洞雲裏。
謫來轉自好幽探，遇山與水輒沈酣。
劉郎懷抱亦不惡，何當更共子雲譚。
翩翩連袂真堪侈，東南之美盡在此。
相逢載酒出元經，誰羨峨眉歌皓齒。
石岩岩水流潺潺，竹馬兒童樂治安。
尙循阡陌問饑寒，雙舄疑從天上看。
琳漓翰墨灑琅玕，長得寇恂借河內。
何妨此地一步一追歡。

修坦家陂鼎調諸君携酒野集歸而有作

老去棲棲不自憐，殘陽猶複戀桑田。
曾聞入夜爭餘瀝，遂欲乘秋障百川。
千傾澄陂分細水，八家凶歲轉豐年。
近來溝洫何人問，盡說催租縣令賢。

游石廊洞

參差危磴倚莓苔，山半仙橋一縷回。
人似猿猱翻石壁，天開日月照樓臺。
尚遺宋迹題痕在，卻憶劉郎前度來。
指點千年成感慨，數峰寒色對銜杯。

明・江爾海（1546 — ？），字宏受，蓮花坊樓小江村人。師事劉瀘瀟，講求心性之學，苦思力索頗得旨。歸後授鴻臚贊謁，朝儀秩然有序，居京師名公卿，晚年以書史自娛。著有《游山水記》和《與名園詩集》。

石城洞雲樓

徙倚西樓興不孤，停杯休問酒家壺。
懸崖日落郊原迴，盛暑寒生氣候殊。
雨滴山花飛客盞，香隨石髓入僧廚。
閑翻貝葉諸緣靜，悔把浮名絆此軀。

夏日偕周渭卿游黃龍山庵

層岩僧舍自蒼蒼，白日寒燈照古堂。
僧定蘆芽穿法座，客來晴色動嵐光。
小舡笙韻雲邊出，長夏花飛雨後香。
休謂大夫偏作曲，席中猶自顧周郎。

刻竹偈

我性我自性，他明他自明。
休問他人明，還見自家性。
我身非我有，悟無便是空。
說空空常在，四大皆是空。

明・李嗣晟（1547 — ？），字子忠，號秋洞，蓮花琴亭南門村人。自幼善屬文，爲儒童時聲名藉藉，博極群書，時邑令大小事，皆與之商榷。初諭進賢，繼授南昌府教授。著有《琴亭集》、《落花吟》和《秋洞記》。

和陋齋韵

匪山匪藻一茅廬，境界蕭然守故墟。
石竇篳門無巧樣，蓬窗竹几有遺書。
雲陰繞戶苔生綠，草色入簾露綴珠。
勿謂此中非樂地，仲尼猶欲九夷居。

咏懷

峨峨七一峰，亭亭灌木林。
高枝蟠虬龍，赫曦蔽繁陰。
匠石阻遐僻，梁棟失窺尋。
樵斧時睥睨，世無百尺薪。
我行複回首，愴惻發長吟。
材大難爲用，從古已如今。

磐山口

誰移劍閣峙西疆，絕勝當年鑿蜀功。
老樹半承天漢水，怒濤長鳴海門風。
蛟龍窟底篙師度，鸛鶴巢邊鳥道通。
萬里雪山何處有，卿雲詩賦古今同。

舟次江口

三月江風號，歸帆馳疾羽。
日暮江潭遊，長吟心更苦。
獨醒不異屈，清世誰雲楚。
漁父來相問，莞然無一語。

寄題石廊洞

我聞梅水之 隩 有石數百丈。
仙人鞭之來自東海之扶桑。
神刻鬼削騁奇怪，擘作上下兩洞稱石廊。
下者幻若蓬萊群伯之丹竈，
上者突開天宮玉女之瑤房。
攀緣迥絕塵凡路，眄盼疑在斗牛旁。
但見碧霞爛漫張奇屋，石髓滴瀝成瓊漿。
仙翁羽客紛驄驄而來集，雲旗煙幡接混茫。
醉上丹梯題絕壁，雷奔電射蛟虯翔。
近瞰雲湖山小瑣拳可碎，
遙睇義屏禾障環向而趨蹌。

假令移置名都當孔道，六六洞天何敢相低昂。
遐想精靈始磅礴，豈爲方外共徜徉。
奇蒸秀孕匪偶致，合有雄人傑士崛起揚芬芳。
況今鳳台時時騰紫霧，龍光夜夜燭銀潢。
寄言山靈休歎久寂寞，遲我招猿引鶴再歌南山章。

游石廊洞次劉聘君韻

其　一

千尺穹崖半是苔，猿猱欲度尚邅回。
誰將六六洞天竅，幻作層層玉女台。
入夜星河岩竇宿，有人環佩鳥邊來。
石床喚醒遊仙夢，沆瀣頻分三雅杯。

其　二

杖藜蹈破萬峰苔，石室搜奇日幾回。
自是天工鑿壺嶠，誤疑海氣結樓臺。
我從方外尋真到，鶴自雲間報客來。
一掬石泉寒似雪，何須羨飲紫霞杯。

明·劉上卿（？—？），字臺甫，蓮花坊樓南陂村人。事迹無考。

小憩石城洞雲樓

冥濛太極列爲裁，洞府樓臺帶月開。
雲到岩扉深鎖鑰，泉穿乳竇暗縈洄。
半生碌碌空黃卷，荒徑幽幽長綠苔。
回首風塵慚石燕，幾番飛去又飛來。

明・劉吉贊 （？—？），字翼望，蓮花坊樓鎮南陂人。萬歷十四年考中舉人，曾任江南淮安府知府。

待月石小坐

岩下雲根聳，山前月正明。
偶來成小坐，相與愜幽情。
玉兔看光透，金龜飲露清。
秋香還撲鼻，老桂雜新橙。

明・譚資采 （？—？），號横州，蓮花坪裏桃嶺人。生卒不詳。

和陋齋韵

跳出風塵構一廬，篳門圭竇寄郊墟。
芸香架上無蟲蠹，蝸迹庭前有篆書。
簞食百年傳舊業，篝燈午夜燦明珠。
笑談盡日鴻儒集，一室清風君子居。

明·賀　覺（？—？），蓮花荷塘人。著有《荷溪遺集》。

荷溪月夜

圖史吾夙昔，歲月懼蹉跎。
奇文露經濟，耿耿自揣摩。
至今成腐草，袖之入雲阿。
用資老農笑，忍手棄諸河。
負愁居磐石，魚戲往來多。
釣罷心無系，聊以避干戈。
鐘聲出荒寺，浮光影在波。
媚媚映蔚蔚，對月偏能歌。
我歌臨溪水，溪水逝奈何。

搏虎行

猛虎擋道路，眈眈視人逼。
爪牙生威風，草木成羽翼。
前村有尊者，徘徊長歎息。
千金贈壯士，欲除獸中賊。
奉命不極醉，慷慨將馬勒。
咆哮勢莫攖，韜弓立山側。
歲月曠悠哉，空把雉兔殛。
豈無一世豪，徒手安用刀。
旁觀衷腸熱，奮呼過林皋。
一擊斷虎首，再擊搗龍巢。

壯士奔而前，爭言吾力先。
虎疲君方至，論功誰得專。
聞之尊者笑，世間屈公道。
草澤多奇人，車帛未能到。

石廊洞題壁

洞空何年辟，危橋共鳥尋。
幽靈通人響，萬古石廊心。

明・劉吉明（？—？），字儀生，蓮花人。吏員。事迹未詳。

石城洞和金介庵

古洞垂蘿歲已深，高人自昔費幽尋。
半空月竇驚天辟，百尺雲岑混地陰。
風卷松濤清逸興，江添石溜滌塵心。
探奇又喜茲遊勝，留得新詩入志林。

明・陳　興（？—？），字朝杰，蓮花坊樓人。《烏溪遺草録》載入多并摘佳句數十附焉，著《超然吟詩集》。

游紫雲岩

（一）

紫雲岩在紫雲間，古木陰陰白晝閑。

洞口長春花冉冉，巉岩不雨水潺潺。
仙翁習靜眈山癖，野老忘機覺世艱。
石上棋殘天地老，幾人大藥駐丹顏。

（二）

古木陰陰白晝閑，登臨身在紫雲間。
岩頭虎嘯風來掃，洞口龍吟雲把關。
野鳥入林多伴侶，山花辭樹尚斑斕。
坐來石上琴三弄，流水高山暢碧彎。

明・龍有珠（？—？），字領有，蓮花花塘龍溪人。明崇禎年間貢士。曾任湖南攸縣令。

冬日

小園勝事憶殘秋，妝點芙蕖畫意收。
蝶飲香微猶過竹，鴉翻葉盡欲侵樓。
銷寒剩得書爲侶，遠俗還知夢亦幽。
當檻梨花煙淡淡，寒風起處異香留。

明・賀桂 明朝才女，蓮花花塘龍溪人。

感懷

人生天地間，譬如桃與李。
百卉爭豔後，漸隨秋草萎。

羨殺松和柏，勁節難與比。

秋日避兵漁家

老漁門對雁沙灘，遠宅竹陰秋意寒。
湖光遠望碧千頃，苗圃長新豔一團。
傍橋楊柳橫披網，疊石蘆花急轉瀾。
憑誰傳語籬邊菊，珍重清霜待細看。

曉 過 梧 溪

殘月雞聲茅店霜，半黃秋草露垂光。
晝樓窗掩人猶夢，小圃風飄菊噴香。
樹濕珍禽夜漫漫，江寒疏葦色蒼蒼。
山行驚險橫荊棘，折得梧枝憶鳳凰。

科兒公車比上賦此寄懷（八音體）

金鞭續夢月初低，石路霜濃滑馬蹄。
系冷輕裘風面面，侵晨古驛霧迷迷。
匏樽注酒分童僕，土屋開扉見犬雞。
草盡寒威春到眼，木榮遲早聽鶯啼。

清·尹 掞（？—？），蓮花人。生平未詳。

秋山次張韋齋邑侯韻

我未秋山遊，自笑還自鄙。

得母道雲遠，相去未百里。
幽懷于何寄，幸茲環溪水。
茲水與秋山，東西競伏起。
山靈誠有知，樂哉君子履。
而況魯公筆，照耀懸岩裏。
奇峰七十一，南嶽與並峙。
出岫白雲爭，距天不盈咫。
疇昔且遙觀，蟬聯而咧施。
清風任去來，明月長如此。
有夢繞奇峰，幽香滿屐齒。
遊到可哭處，乃盡知其美。
五老老何年，曳裙煙霞紫。
羅漢居洞岩，僧帽脫山觜。
淩宵氣勢雄，未免雲程喜。
雙童雙講書，晝夜未曾已。
日浮赤麵肥，難著纖塵滓。
嶺頭湖倚天，波耀雜飛碞。
龍溪千尺奔，瀑布聲駭耳。
若得登臨頻，渴思消尉矣。
張李倡和詩，爲我一一指。
秀色收江山，世情棄糠秕。
既憐征迹象，還愛悉神髓。
丈夫饒本色，堂皇近天子。
寓宙迫微軀，卓然空所倚。

縱使雷震驚，亦能不喪七。
大清沒點雲，便是精微旨。
餘也想當然，心隨筆落紙。
因概讀書台，豈異我窗几。
孔學無常師，生民未有此。
于此可生長，何庸藥不死。

碧山即事

雲引群峰合，水環一徑通。
泉聲來枕上，樹影落庭中。

清・尹是瑚（？—？），蓮花人。生卒不詳。

游元陽洞

自古神仙地，乘興一探奇。
亂石橋偏穩，懸岩徑不疑。
戶深煙鎖密，澗折水流遲。
無限低徊意，山光冥影時。

琴亭清韵

姚相讀書處，琴亭始得名。
溪長隨澗曲，石怪滴音清。
不鼓翻成韻，無絲卻有聲。
高山非絕調，流水自多情。

軫玉傳何古，徽金響並鏗。
勿愁知者鮮，應會子期生。

清・尹是璓（？—？），蓮花人。生卒不詳。

倚 天 湖

萬丈龍溪沁骨寒，天湖絕頂湧波瀾。
雲當風扇釀靈雨，永作人間甘露餐。

清・段逢朝（？—？），蓮花人。生卒不詳。

遊 倚 天 湖

閒居夢繞水雲鄉，消受湖光徙移忙。
地僻尋秋偏耐冷，心清到此便聞香。
芙蓉池館誰爲主，楊柳人家各一方。
指點塵寰原不隔，卻教詩酒送斜陽。

清・釋曉雲（？—？），生卒不詳。

琴 川 書 感

（一）

戰傈情雖有，迂回性柰無。
廬山高萬仞，失腳在邱隅。

（二）

屣脫巢由易，珠還合浦難。
誰思忠孝事，仍作畏途看。

（三）

聲聞滋吾愧，人何每過聽。
校玉閣下碣，緩勒負心銘。

（四）

一棹將行際，月斜斗已南。
雙童與五老，何日複同參。

清・釋元鑒 （？—？），蓮花人。玉壺山法藏寺住持，後遷禾山甘露寺住持。

再過禾山有感

玉峰巔上倚天邊，撥霧穿雲柱仗光。
最是湖中春色美，倒涵明月照山川。

清・釋勝雲 ？—？），蓮花人。玉壺山法藏寺住持。餘不詳。

六字靈峰

曾無文義立，六字偶然同。

奔驥偏能妙，廻瀾卻自工。
墨光曾不染，筆意與誰通。
欲識個中秘，天開曉日紅。

清・釋仙道（？—？），蓮花三板橋人。石鵝庵住持。生卒不詳。

石　鵝　仙

片雲流光到薜蘿，三峰飄渺夜雲多。
石痕鵝迹分明在，換卻修翎記得麼？

清・釋力宗（？—？），蓮花路口人。福田庵住持。餘不詳。

雨　花　橋

間從林外訪招提，落澗飛虹鎖碧溪。
滿眼迷離花雨際，水聲如和鷓鴣啼。

清・賀　斆（？—？），蓮花良坊人。餘不詳。

風　帽　嶺

弁髦衆山獨出奇，峨峨天外表光儀。
南州冠冕孚群望，卻愛和風微扇時。

松岡秋月

一輪皓月瀉松明，勁影婆娑別樣清。
歲老良材森百尺，光籠幽蔭正三更。
滿天風露煩囂絕，印地龍蛇曲折行。
夜永仙濤空際發，岡頭秋色又秋聲。

清・賀雲吉（？—？），蓮花人。生卒未詳。

贈別張韋齋明府解組歸裏

荆璧彤庭獻，朗星紫氣垂。
家傳編玉海，慶泠葉塤箎。
軾轍文章伯，機雲敏妙姿。
酣吟催擊缽，握管常臨池。
黼黻堪華國，經綸足棣時。
一川琴雅操，三載鶴棲遲。
好句如清瀣，姑藏不潤脂。
撫循金煦嫗，休養起瘡痍。
課士秋山功，勤民夏雨滋。
有錢安得此，盡善乃如斯。
豈料萑苻聚，無端鷸蚌持。
一春橫斜斞，百口藉荒饑。
楚國訛言沸，洪都大吏疑。
草成欣亟告，膽破失先知。
敦意禾封理，生將召父離。

兼旬扃市痛，萬里叩閽悲。
部議方輕注，賢聲愈重推。
賜環潘錦晝，燮鼎傅岩期。
鵲擁元紘駕，珠彈叔子碑。
還歌於蒍子，拜舞入天墀。

清・龍科寶（？—？），字子重，蓮花花塘龍溪人。康熙八年舉人，授浙江上虞縣知縣。著有《龍溪漫草》、《杜詩輯涵》。

游元陽洞

金門羽客重元陽，勝迹遊觀引興長。
行到神仙栽杏處，坐談宰相讀書堂。
人琴尚有亭名在，池墨猶生水氣香。
試問白雲歸峒府，花開幾度鶴翺翔。

甓溪小莊

先君手澤依然，四柏競成綠天。
書舍引人入勝，石橋深巷流泉。

小園詩二首

其一

竹屋初移扉，窗同梅角向。

要當溪水業，不與鄰牆望。
牆頭花似人，空露一身半。
梅瘦如拗鐵，密竹穿老杆。
稍將竹影刪，故令菊陰曠。
今夕酒難酣，菊竹添月況。

其　二

屋角芙蓉放，衆鳥作春聲。
獨有癡鸚鵡，感慨愁思生。
疏柳宜朝雨，黃花喜晚晴。
目隨雁字遠，心爲竹亭清。
與客圍棋罷，倚欄無限情。

登觀星樓憶寧榜高

層台草長夜淒清，雨後疏星只自鳴。
孤子已枯千劫淚，故人猶感百年情。
壁間琴在梅花冷，樓外春寒澗水深。
泫然試看殘煙處，難忘依燈作賦聲。

清・劉中柱（？—？），字俊夫，蓮花南嶺人。康熙初年武舉，曾任千總。

歸　西　山

歸臥西山小竹嶺，入門靜坐出門吟。

飛鳶忽共人心捷，綠草閑同我意深。
樵徑登來天更闊，松林幽處水堪尋。
翛然自結煙霞侶，好護花田十畝陰。

清・李枝起 （？—？），字頡桃，蓮花琴水六慕人。康熙二十五年舉人，授武寧縣教諭。

九日登石鼓樓

爲憐佳序又重陽，追訪仙蹤逐友忙。
高立崇岩尋石髓，旁探幽扃透煙光。
樓臺日落迷花萼，鼓角風喧葉羽商。
脫帽醉酣山水趣，遠望無侯白衣觴。

清・李枝煥 （？—？），蓮花琴水六慕人。生平未詳。

贈張韋齋明府

蒞任殘僵越兩年，兒童走卒亦稱賢。
西鶻差隔一隅地，北面全依五尺天。
三字養禾堂永在，萬年懷德碣長懸。
哭留慈父真留得，峴石何曾懼變遷。

清・李猶龍 （？—？），字而上，蓮花南嶺超村人。康熙二十六年舉人，龍泉知縣。

敬簡陳君有盛七言一首

老翁性堅而貌樸，忽睹淳龐一古慤。
不識不知順帝則，托迹西疇與東作。
任俗柔態來牽引，獨秉剛直總不阿。
培植天根迎天機，慶流蕃裔綿後福。

清・賀健林（1672 — 1702），字元敏，蓮花良坊人。其詩文頗富禪味，才情敏捷，温潤秀雅，著有《性理淺解》，對太極陰陽之義理，論述分析甚詳。

九日過黃龍庵

清溪環繞夾山流，靜裏安禪九度秋；
九日得參方外語，茶煙初放出峰頭。

清・周天球（1678 — 1738），號什藏，蓮花下坊斜天村人。通吏學嫻書法熟聲韵筆物超逸不爲俗伴。

石　廊　洞

未識何年洞竅開，石廊回轉勢崔嵬。
個中有鳥能啼客，不是秦人莫亂猜。

六　字　峰

一山突兀兩山低，六字昭然墨迹稀。
妙手揮毫誰寫就，太清點破有餘暉。

天　心　山

石筍削成恁樣圓，孤高無侶勢驚天。
門蘿好上峰頭望，一派青溪在眼前。

仙　人　岩

獨上青峰一徑斜，石岩爲屋倒垂花，
四時奇豔朱顏在，疑是神仙留彩霞。

仙　人　掌

武帝柏梁玉露懸，天然一掌撐穹玄。
疑團破盡真堪語，不羨寒山片石鐫。

蘿　泊　井

山下出泉泉最幽，水天一色幾春秋。
神仙玄圃留清澈，素綆汲來味更優。

石　螺　星

怪石如螺湧碧灘，中流砥柱挽狂瀾。
滄桑變異無今古，永鎮斜溪第一關。

玉　帶　水

屈曲流泉玉帶同，奔流滔滔盡朝東。
有時水石相摩蕩，響激風雷起臥龍。

清·賀　禧（1704 — 1768），字彬望，號吉宇。蓮花良坊厦布人。壬申（1750）年考準歲貢。任袁州府萍鄉縣儒學正堂，列萍鄉名宦志。著有《省悔老人遺集》。

重游雲月山古庵

客深菊滿園，古柏守重門；
隔嶺樵歌盛，當窗鳥語喧。
鐘聲驚午夢，茗味潤春溫；
雲月閑相對，西來勝景存。

清·陳　迥（？—？），字孔殊，號异亭，蓮花坊樓人。乾隆十三年進士。選南安府教授，主張先德行、後文藝，士咸慕之。著有《四書管見附録》、《异序詩文草》和《异序詩文》。

白水岩

晴空白練抹西坤，半落青天漢水源。
吹著珠泉趨萬壑，散爲霖雨潤千村。
碧川高吸長虹影，雪瀑斜分淺黛痕。
卻喜巉岩塵不染，清光引取到匏尊。

清·顏雲聳（？—？），字錦文，蓮花梅洲人。清乾隆十三年（1784）進士，曾官陝西甘泉知縣。餘不詳。

泉台遺杖履，臨洮幾咨嗟。

玉泉井

澄明煙火外，一鏡舊團團。
何處通泉脈，千秋此玉看。
精光融雪乳，佳氣徹雲巒。
便欲移家住，時時倚石欄。

連雲嶺

於山有草木，如人有文章。
朴陋賴以飾，儀貌著其防。
憶有昔首左，撲鼻聞餘香。
林鳥各自托，恣意交鳴翔。
屈指數年餘，觀瞻遂殊常。
若再經數年，深秀安可量。
嗟彼濯濯者，斧斤幸無傷。

示兒

觀書不厭多，書多增人知。
如羅希世珍，緇險不足畏。
如貯閒散材，木屑未可棄。
但須善分別，美惡毋混視。
如嘗百草遍，良毒詳注記。
書味日浸淫，乃複移人氣。

如曾食靈榮，換骨駐人世。
嗟哉孤陋胸，遇事昧其義。
如盲騎瞎馬，倀倀何所自。
亦由心目隔，未嘗通思議。
如棗囫圇吞，何由得其味。

仙 人 杏

春花幾度舊岩阿，五百年間住擲梭。
不似琅琊十圍柳，樹猶如此感傷多。

清・陳世藩（1765 — 1827），字宇屏，號晴樓，學名應紅，蓮花神泉陳坊人。學問淵純，度量淵深。著有《晴樓集》。

桃 源 洞 天

洞門深鎖薜蘿煙，消息何因向外傳。
溪上漁父今在否？桃花流水一年年。

[自注] 桃源洞，在白竹白米庵

清・陳恭偉（1792 — 1838），字魁岸，號門山，蓮花神泉陳坊人。

野 農 忙 耕

鼙鼓一聲田父忙，鋤雲種月舞如狂。

秋成百寶余三慶，衆母興謠遍八方。

清・蔡儒業（1798 — ？），號敬齋，蓮花社下（現蓮花路口蔡家村）人。

咏　龍　源

紫氣當空起，桃花滿澗紅。
那知源盡處，不與武陵通。

咏　雁　汀

誰作欹斜勢，作篆欠分明。
淺水蘆花處，時有雁留聲。

咏　錦　湖

欲買小舟去，湖中采白蘋。
煙波渾如錦，時迷蕩舟人。

清・陳良棟（1798 —1874），字聿擎，號支軒，一號守拙，蓮花神泉灣裏屋人。道光十一年舉人，授會昌縣教諭，升贛州府教授。天資聰穎，博通墳典，自居家及仕宦，披吟不輟，愛士憐才，賞拔名流頗多。科第相繼，可謂桃李來往在宮門也，儒林愛慕不已，有《支軒詩文集》行世。

爲門人選三題風晴雨雪畫竹

其　一

幾陣香風幾處催，渭川千畝共徘徊。
披涼應有高人在，一曲瑤琴弄得來。

其　二

峰頭雲霽認新晴，淑景含和一段清。
最是畫工神旺處，瀟瀟爲放兩三莖。

其　三

煙痕蒙幕竹林清，老幹新枝故故傾。
愁殺佳人衣袖薄，打窗驟雨月三更。

其　四

光搖銀海黯生愁，高臥袁安舉火不。
漫說嚴寒節可耐，此君今日亦低頭。

清・蔡順綱（1802 —？），字倬漢，號天章，羊角村（現爲路口鄉陽春村）人。

游小姑山

天公不放小姑還，誰把弓鞋號此山。
想是當年赤足去，故留仙迹在人間。

[自注] 仙家上升有赤足雙凫之語。

游南京燕子磯有乾隆題詩

禦制高懸燕子磯，水雲深處凜天威。
半生未遂淩雲志，好理釣絲兩岸圍。

游報恩寺看寶塔

寶塔巍巍近紫宸，如來列列現金身。
報恩還是施恩者，佛子由來亦聖人。

南京紫禁城懷古

金陵王氣闇然收，第宅於今豈列侯。
往日禁門青鎖處，烏棲殿閣起人愁。

泉莊夜看烟花

才放花時又放燈，狀元百歲塔層層。
空中奇景須臾現，擬是蜃樓見未曾。

舟上大鬧

水勢洶洶流幾層，金門有路喜先登。
輕舟也用千人挽，正恐潮頭壓斷繩。

山東曲阜過孔子墓

古柏千行並萬行，經霜傲雪自流芳。
聖陵卻與皇陵似，何必當年爲帝王。

天津衛看海船

侈談一路盡安瀾，到此方知有大觀。
巨艦橫連千百艘，乘風破浪入雲端。

到京都有感

萬里君門咫尺間，何年得許覲天顏。
早朝才能須歸第，愛看人排玉筍班。

清・蔡昌辰（？—？），字程九，號子衡，1812年，蓮花羊角村（現爲路口鄉陽春人）人。邑庠士。

南 雲 晚 鐘

山寺重門鎖，鐘聲入夜聞。
伊誰敲月下，伴我戀殘曛。
績舍燈初焰，書齋讀正勤。
環村如列嶂，乍響辨南雲。

西 嶺 朝 雊

爽氣西山挹，雄起竟有聲。
韻流雲欲曙，響過日初生。

碧海天雞唱，丹山曉鳳鳴。
餘音都嘹亮，入耳道心情。

五峰若指

突兀東南岫，參差影不齊。
五峰排若指，疊石削成圭。
埶壓群山小，高插衆壑低。
芙蓉仙掌似，時有紫雲迷。

後嶺聽松

萬派洪濤壯，青青後嶺松。
有聲皆浩瀚，無樹不蔥蘢。
幹拂時驚鶴，風高欲化龍。
夜潮隨月上，欹枕聽洶洶。

溪水流西

勢本從東下，滔滔故向西。
環村堪作帶，映旭望如霓。
暮雨迷前渚，斜陽暗遠堤。
琴江留勝覽，好景信攀躋。

塔影摩空

塔勢如湧出，孤高聳接天。
群峰排左右，一柱亂星躔。

雁渡愁逾險，雲來不沒巔。
低頭臨碧澗，倒影更懸懸。

鳴泉似磬

何處清音發，淙淙入畫楹。
尋聲臨碧澗，按節想瑤瓊。
流水能爲調，寒泉本善鳴。
聽來吟興壯，得句亦鏗錚。

清・郭之祥（？—？），蓮花下坊人。

梅州八景(八首選四)

宇峰聳翠

絕嶂參差聳碧霄，藤蘿芃聚護山腰。
松崖清藹睹溟漠，石峒閑雲靜泬寥。
水到幽溪人迹少，雨過芳樹鳥音嬌。
翠屏留作千年秀，嵐氣依稀射斗勺。

達本禪關

巘徑潛通望眼迷，白雲鎖日伴菩提。
松嶺鶴唳晴嵐霽，花塢鶯啼暖氣低。
佛殿尙留前代迹，禪房誰記昔人題。
遙憐季紮刊碑處，雨冷苔深蔓草齊。

湯渡晚舟

古渡人稀横晚舟，斜陽吻嶺櫓聲柔。
無邊山色倚天秀，有限霞光順水流。
雲接琴亭迷岸脚，風翻魚網泊溪頭。
分明記得炊無米，未識愁眉盼望不。

圓溪叢林

樓臺一簇倚流湍，僧寺遊來世界寬。
鬱鬱古篁垂檻月，紛紛喬木聳簷端。
龍驤畫靜閑描畫，官馬時過夕解鞍。
凝望自然成景物，一庭花雨散漫漫。

清·賀　恢（1813 — 1887），字富業，號杰臺，蓮花良坊厦布人。光緒九年癸未（1883）特授繞州府安仁縣儒學訓導。其一生勤勉讀書，晚年猶奮力著述不輟，其所撰《愛蓮篇》，凡10卷近30餘萬言。

記唐明府公墓樟樹左右古樟十首序

（一）

滿縣潘花敷政優，秋山深處室家留；
分榆社列千竹蔭，桑梓恭治奕葉謀。
蝶花依然春有脚，龜銜頓使樹成邱；

卜年卜世今俞久，古幹參天翠幄稠。

（二）

夜台蓊郁聳高枝，記得昔年憔悴時；
伐木雖防斤許許，問春每恨信遲遲。
一朝黍谷陽和轉，進囀林禽棲息宜；
怪底名材枯複苑，此身早具歲寒姿。

（三）

遺愛人崇四尺封，岡旁靈樹鳥雍雍；
年淹代遠芳魂在，節錯盤根元氣鍾。
乘運再生左紐檜，耐寒孤秀後凋松；
猶懷當日仙株發，瑞應科名屢起宗。

（四）

書香一脈發光華，爭憶先塋株有花；
安福錢山孫世駿，星連聚五擅名家。
登科榴實祥同葉，及第芝英兆並嘉；
摧折僅餘樟獨秀，行人過此也咨嗟。

（五）

郡望豫章材不群，蔚然終古暗紛紛；
栽培一本天因篤，鬱積千年地自蘊。
冬壓枯枝方困雪，春回貞幹又淩雲；

從今翦伐申嚴禁，樵採宜同柳下墳。

（六）

白牛眠處氣氤氳，獨立蒼蒼古黑黝；
雨露飽酣衰轉盛，風霜淩傲舊彌新。
閱空世上繁華景，養慣山中黯淡春；
子梓孫桐成俯首，濃陰徧覆往來人。

（七）

幾見海田經變遷，時時拱拂墓門煙；
雉馴尙憶桑陰化，燕翼長遺瓜實綿。
客過陵前爭下馬，人來樹下泣聞鵑；
根株得地誰能拔，掩映吳頭楚尾天。

（八）

武侯遺廟柏森森，槁落重榮起碧靈；
紀瑞曾經文士筆，同芳又見古樟心。
世鍾靈秀孤山麓，茂發青蒼十畝陰；
拂拭穹碑人墮淚，本根忍從斧柯尋。

（九）

質並梗楠老更蒼，孤芳自賞比琳琅；
人勤封殖邱陵重，代閱興衰歲月長。
道左別增隆古色，枝間猶帶晚唐香；

蔥蔥郁郁佳城裏，應見朱霞起九光。

（十）

祭掃虔攜醴與牲，故家喬木日敷榮；
迯離遙見煙霞影，騷雅頻聞風雨聲。
緬昔政成鳥盛集，及今仙返鶴高鳴；
千春蔭共甘棠遠，傳誦清芬到處賡。

清·陳世浚（1815 — 1887），字恒六，號守真。蓮花神泉陳坊人。有《守真集》行世。

鯉　坳　壠

四面青山拱若城，幽人相對不勝情。
春來更覺風光美，冉冉花香雜鳥聲。

清·陳立光（1822 —1857），字蔚然，號德昭，一號文炳，蓮花神泉陳坊人。讀書精專，奮志上進，英年早逝，士林惜之。著有《德昭集》。

錦　鷄　衙

外似崎嶇內廓容，人居盤谷戶堪封。
清淡竟日忘歸去，隔斷紅塵嶺數重。

清·朱之傑（？ — ？），字冕群，蓮花花塘人。咸豐九年進士，授安義縣知縣。

雨中過三斗嶺

屹立淩霄漢，濛濛鎖翠微。
人從空際出，鳥向霧中飛。
地界分吳楚，山形象斗璣。
沖寒惟有酒，小住扣柴扉。

過天河岩

數家環繞綠楊溪，煙樹蒼茫望若迷。
指點天河岩畔路，十年重到畫橋西。

清·陳恭灼（1842—？），字貴南，號庚因。蓮花神泉陳坊人。志氣軒昂，賦性雄氣，熱愛山水，縱迹江南。

陳坊八景

（一）樓上樓下

崖聳層峰勢欲催，龍涎高瀉白雲堆。
飛來絕壁銀花落，流出清泉素珠開。
洗耳每尋巢父去，知音還向伯牙來。
人能滌盡塵凡慮，管取仙風樂快哉。

（二）延真古觀

古有招提�石西，尋常鍾扣五更時。
清高響遏行雲住，渙散聲隨月落遲。
醒夢鶴還鳴古塔，聞經龍蟄出平池。
觀水須有窮經客，幾度聽求罷詠詩。

（三）大嶺晚牧

瞻彼大嶺勢欲峨，幽人晚牧意如何。
黃牛歲歲添新犢，青草年年長細莎。
蓑挂杖頭春雨歇，笛吹松底晚風和。
單認至骭人何地，千載人間扣角歌。

（四）隱岩樵歌

真隱雲深曲且迢，樵夫來往任歌謠。
幾回風送斜陽落，一片聲隨暮雨飄。
蓑裏每懷王質斧，擔頭任挂許由瓢。
官清莫怪渾無事，世泰升平樂舜堯。

（五）祠邊紅楓

老樹孤高獨佔東，經霜冒雪似蒼龍。
勢淩陽穀春歸早，時至歲寒火炬紅。
傲世芳心留大古，參天曲杆掃天空。
清標慣引陶公撫，靜聽濤聲撼晚風。

（六）大塘春曉

舊聞此池神龍眠，湛澈方塘湧碧泉。
獨挹玉流澆熱腹，散爲霖雨潤枯阡。
岸鋪柳色東南豔，溜雜松濤上下宣。
一鑒橫開塵不染，清光引到秀溪前。

（七）磨山夕照

磨形嶺上景清明，長見西隅落照晴。
樹帶餘輝薰望眼，花籠青氣媚遊情。
鳴鸞峰外聲聲細，落鶴霞邊字字新。
幾度江東讀書客，柴門深掩對長琴。

（八）秀溪環流

秀水環村清且流，瀠洄曲折澮如油。
風漂柳絮還回轉，魚戲荷花任泳遊。
淡淡斜陽暗遠堤，濛濛暮雨迷前渚。
堂開麗澤月人萃，秀溢名區萬古留。

清·陳世綧（1844—？），字杰才，號子翼，一號鸞書，蓮花神泉陳坊人。著有《鸞書集》。

花園競艷

除荆鏟棘築芳叢，李豔桃紅野外濃。
歲歲添來花樣別，不容春放一時空。

清・陳志純（？—？）百歲翁，字芳萱，號尚邠。陳坊人。乾隆年間在世，早年仗劍周游天下，工詩，90 餘歲仍可寫蠅頭小楷，行走如少年。

鶚山晚眺

鶚山砥急瀨，一望水連天。
古樹籠殘照，微風渡晚煙。
鴉飛尋故壘，漁火過前川。
隔岸雙帆卸，才回估客船。

秋夜感懷

（一）

當窗明月下，抱影已知非。
身世任飄泊，肝腸自朗輝。
意能隨境轉，行每共時違。
動履多溪險，其將誰與歸。

（二）

寂寂新秋夜，殘燈與共依。
興來多慷慨，情迫添嘘唏。
筆落心猶醉，漏驚魂欲飛。
群鴉相雜起，開戶東方暉。

延真觀四景

延真觀據吾裹上游，山水佳絶，載在邑乘。自淳祐至今，歷五百餘年，隆替不一，景物猶在。凡江山勝迹，有情者未免流連。爰考我先輩舊録，四景缺略就湮，誠爲恨事。然地之處幽僻者，率多如是。予非能詩，偶見景觸感就。題拈韵，以俟夫後之作者，其興起又不在。詩云：

（一）

肖形鍾地氣，托迹奠琳宮。
但看陰陽理，由來造化工。
一圖千聖訣，八卦萬靈通。
大極而無極，先天玄妙同。

（二）

地靈鍾秀氣，天設鎮仙宮。
覽勝情何已，尋幽句未工。
圖書四聖秘，道範兩教通。
若識玄微妙，春花秋月同。

左龜負靈圖二首

（一）

縱巒奔騰下，臨門若樹屏。
穿林風淅淅，入澗水汀汀。

未曉殘星沒，斜陽宿霧停。
琳宮清磬發，好聽黃庭經。

（二）

悟辭身毒國，來駕延真屏。
丹楓挂夕照，綠柏映寒汀。
殿角金鍾響，簷前鐵馬停。
月明溪上坐，靜寂好聽經。

右象駕玉屏二首

（一）

潭水碧如鏡，谷風濺石流。
引霞餐白象，帶月系青牛。
古閣寒煙散，高原紫氣浮。
雖非函谷地，凝是老君遊。

（二）

亂石橫溪徑，清泉瀉岸流。
入關非俗客，下海豈常牛。
黃冠誦聲朗，白雲窗外浮。
無窮山水趣，應惜好春秋。

右牛飲清潭一首

數武長灣角，溪流穿石窩。
似魚翻白浪，如鴿弄青波。
逸秀鳴天籟，微風動岸莎。
遊人行且止，美酒渭城歌。

右魚躍溪鼓二首

酬大兄韵

暌違骨肉碎肝腸，年去年來兩地傷。
伏枕常留中夜恨，關情惟有寸心將。
蔦蘿落落須縈系，禾黍離離最倉皇。
幾陣歸鴻黃旅畔，此身何事不思鄉。

獨夜有感

旅舍傍城古寺東，孤燈獨夜思無窮。
朱公易姓乾坤小，陶令休官宇宙空。
已曉頭毛隨日白，懶行野市看花紅。
閑愁卻借酒來解，得失惟憑塞上翁。

清・陳立崇 （1855 — 1895），字乙照，號則農，一號秀溪，學名鐘濂，蓮花神泉灣裏屋人。同知銜，誥授奉祿大夫。著有《紅雨山房詩稿》。

山流瀑布

滾滾水聲似紮聲，遙看瀑布暮煙橫。
飛流直下清如水，蒼碧空中白練呈。

清・朱益藩 （1861— 1937），蓮花琴亭花塘人。字艾卿，號定園，年近三十考取進士。擢翰林院侍讀學士，欽命南書房行走，清宮帝師，素以書法名世。

爲日本畫家渡邊晨畝題畫詩三首

（一）

踽躚南客傍高寒，顧影天生惜羽翰。
曾記貞元初貢入，一時寫貌重邊鸞。

(二)

散步郊塍玩物華，春風開遍米囊花。
山雞自鮮惜毛羽，不似群飛空歎嗟　。

(三)

歸來三徑未全荒，老圃秋花鬥晚芳。
月上閑階人不寐，夜深涼露濕鴛鴦。

題贈溥心畬，王孫姻詩二首

中原六法久塵昏，誰識禪宗不二門。

收拾諸家歸一冶，瓊瑤而後兩王孫。
老來腰腳強枝梧，到處荆棘更塞途。
乞取裏中新畫本，秋窗閑作臥遊圖。

注：瓊瑤指紫瓊、瑤華兩道人。

爲殿堂題應制詩一首

北闕岧嶢號穆清，北山迢遞繞金城。
四時新色圖丹壁，翠輦頻聲喜太平。

題贈五女婿陳宇峻詩

雨歇江村雲尚濕，翠微深處客方歸。
白鷗飛盡漁歌起，小艇冥濛帶落暉。
斷崖雜樹綠參差，水面軒窗近夕霏。
扶策爲誰能遠望，不知秋露濕人衣。
濕雲著樹易爲雨，古樨敲澗不知秋。
南山真意無人領，大海吞天浮釣舟。
萬壑霜飛木葉丹，石橋流水暮春寒。
卻疑二月天臺裏，一路桃花送馬鞍。
穀雨初晴燕燕飛，金河春水漲凝脂。
挈瓶小試龍團餅，想見東都全盛時。
漠漠江天吳楚分，幾重樹色幾重雲。
客心已逐歸帆去，誰道漁邊有隱君。
竹扉臨澗石紅樹，隔虛亭危岫如雲。

壓離騷對坐聽賦，不必更爲歌采薇。

清・陳志武（1871— 1895），字凡魁，號筱溪，蓮花神泉陳坊人。光緒十九年科考前列第二名，英年賫志，人共惜之。

甘泉洗心

一泓清河沁囂塵，未許癡呆過問津。
我味斯家真似醴，文心誰共一樽論。

清・羅天載（？—？），字膺良，荷沚村人。餘不詳。

浪淘沙・荷村夕照

翠繞遠峰青。圖畫圍屏。半輪孤影暮霞扃。催起群鴉尋舊宿，莫襲沙汀。

詰旦定晴明，勿問山靈。遊魚吹沫漾浮萍，吳作黃昏時候至，晃是天星。

清・郭寶鼎（？—？），蓮花下坊人。

聽琴有懷

瑤琴一曲韻幽冥，斷續聲來斷續聽。
鍾期去後知音少，長使伯牙罷鼓琴。

鳳 鳴 高 岡

生形頗與鳳凰同，鳴如雲鶴九皐中。
千仞山岡重疊疊，天陰嘒嘒漫星空。

清·賀祖漢 （？—？），蓮花良坊人。餘不詳。

浮 花 丹 岩

石千齒層勢莫加，空中浮出幾般花。
岩前無日非春色，長此丹青映晚霞。

清·江庭甲 （？—？），蓮花三板橋山口壠人。贛州教授陳良棟評論江庭甲詩時說："子美詩'一洗萬古凡馬空'，惟子美可以當之，子瞻詩'筆所未到氣已吞'，惟子瞻可以當之；漁洋詩'使笑如劍劍氣出'，惟漁洋可以當之；予謂'一馬萬馬光，萬馬一馬神'，惟賢弟可以當之"。惜英年早逝。

讀 法 華 經

十方共雨曼殊花，空王端相說三車。
牆傾榱崩住火宅，大千世界紛如麻。
忽然一點甘露水，灑出人間菩提芽。
釋迦教領曇瞿妙，不須拈花也微笑。
佛心我心原相照，轉法華輪不在貌。

讀聊齋小說

（一）

未必當年盡子虛，牢騷半籍美人抒。
窗外風聲疑鬼嘯，爲讀聊齋一卷書。

（二）

此事原疑半有無，筆花寫到通靈狐。
物情較勝人情好，欲把真真紙上呼。

讀　書　經

自燃爐香自念經，此中面目本空靈。
俗塵撥盡無三門，南海慈雲一片青。

讀 金 剛 經

真空無相理原微，法到盡頭法亦非。
三十二分分裏看，工夫絕頂總忘機。

感　懷

我有大阿劍，三載未曾磨。
本來鋒犀利，陸截虎兕過。
涉江寒芒發，萬怪避風波。
一朝塵委積，爲置匣中多。
神物豈久廢，中宵燿自他。

一經雷喚眼，感慨複摩桫　。
千金市刀環，百金飾刀柯。
雙龍宛宛在，起視延津河。

其　二

紫雲下九天，鶴飛語連連。
英雄不得志，動欲作神仙。
聞說蓬萊山，近在滄海邊。
波濤渡萬頃，金銀宮闕全。
玉女棒寶笈`，金童進花箋。
高吟閶闔動，天帝錫瓊筵。
朝驂虬龍出，夕駕彩鳳還。
此樂真可極，逍遙不計年。
迴首泥塗日，同輩已華顛。

其　三

一片菱花鏡，月朗雲衢淨。
照我顏色好，微帶維摩病。
身病心不病，圓靈其本性。
拂拭置綺窗，心鏡兩相映。

其　四

仰首望明月，玉兔藏雲窟。
八萬修月斧，何處暫休歇。

嫦娥素心人，不肯雲頭歿。
長空開朗鏡，光照大地突。
紫琯歌一曲，聽者皆仙骨。
人間引頸意，天上轉倉猝。
遲遲頃刻耳，風景便度越。

其　五

我有昆山璧，照淨無纖瑕。
廿載自珍重，護以茜紅紗。
無端一點墨，失手漬清華。
微雲雖掩映，未免本來差。
棄置高閣久，塵埃日便加。
抱此區區意，愛惜複咨嗟。
天降清涼水，看意教搔爬。
漸洗漸光明，燦如芙蓉花。
急啓木難櫝，逢人莫漫誇。

修　净　土

清晨一課禮彌陀，懺卻今生積過多。
本是再來真法眷，蓮花消息近如何？

禮　觀　音

盤陀一幅禮慈雲，親把旃檀向席焚。
般若有緣先渡我，靜依猊座息紛紛。

夏月午候

赤日高懸麗九天，清風幸得引窗前。
逞將竹簟和衣臥，不管炎光只熟眠。

田家雜咏

未雨先綢繆，荷插坐溪頭。
商築哇田口，灌水滿平疇。
水深防淹苗，水淺旱堪憂。
淹苗禾猶可，罹旱將誰謀。
急浚源頭水，乘時溝預修。

其　二

夜鳥啼一聲，農夫心若驚。
夜鳥啼數聲，農夫悚耳聽。
聞說一鳥晴，天晴雨不成。
十日天無雨，荷鋤郊邊行。
廿日天無雨，溪頭水便爭。
爭出複爭入，毋乃百事生。
安得甘霖灑，灑向月三更。

其　三

中天麗赤日，農夫心膽慄。
上下高高哇，水盡血汗溢。
值宿草露間，蚊螫蜂窠密。

爲此一田水，晝夜都忧忧。
桔槔響流泉，流泉映月出。
流泉有時竭，農夫無休歇。

其　四

焚香跪阡陌，到處叩神靈。
神靈或不鑒，依然長空碧。
神靈或得鑒，風雲起晨夕。
半空嫋嫋下，遍地盡玉液。
忭舞謝昊天，何防日複赤。

其　五

上日炙體膚，下日曬泥塗。
上下日交蒸，蒸得農夫臞。
一獲一汗滴，一響一聲呼。
汗出爲何所，性命只穀圖。
聲出爲何所，招風涼與俱。
風來如不准，肝腸日就枯。

其　六

霜花落瑤天，冰奩錮溪田。
破開水奩入，農夫叱犢前。
牛亦觳觫行，農夫心愈堅。
冬犁勝春犁，爲此日悁悁。

自甘手指隳，乘早迎豐年。
入水刺如刀，出水心如泉。
出水複入水，寒氣面目旋。

重　谷

一谷一點血，農夫身上出。
一谷一點蜜，入口甘同溢。
能生死人命，能伸屈人膝。
古來乞米傳，至今爲口實。
炊無米不巧，筵無米不設。
田家萬辛苦，而乃揮手擲。
人力所培植，天心亦愛惜。
顧此泥沙場，能無心惻惻。
富者宜珍重，貴者宜護恤。
不重並不恤，報應形影疾。
寄語富與貴，知穀知心術。

遣　興

騏驥將千里，俄爾頓風塵。
養扃深閑裏，肉瘦骨嶙峋。
忽聞車鈴響，長嘶尾鬣振。
萬馬無戰功，一馬未騰身。
一馬萬馬光，萬馬一馬神。
天遣太乙宿，一針血汗新。

所向無地岸，嚇殺觀場人。

其　二

一龍矯矯上，群蛟附之行。
行至天門裏，如聞天鼓聲。
玉帝升玉座，紅雲擁早朝。
諸仙皆拜舞，龍亦蟠絳霄，
帝心方大喜，錫以鮮紅綃。
旁有進言者，此龍未免驕。
或者行雨日，莫須有淪漂。
帝乃沈吟久，神物肯棄捐。
姑喚龍來前，暫且潛於淵。
爾心既以白，騰飛任九天。
吾將有特詔，詔爾起雲煙。

言　情

大都英雄漢，半是有情人。
無情無世界，無情無君親。
情亦理爲範，尋賢仙佛身。
俗情掃一切，人情覺均勻。
一飯不忘處，常把意肫肫。
入住屋難別，久用器不珍。
何況骨肉間，天然結構真。

讀劍俠傳

能泄人間大不平，腰橫秋水劍光明。
聽完耳後剛風起，已斬奸頭謝友生。

其　二

幾回磊落看幹將，未遇人間聶隱娘。
若見老尼須下拜，問他劍術要精祥。

無　題

夜夢至香山，香山水雲間。
竹林一片青，彷彿認慈顏。
前生個中住，今生個中還。
一住幾萬年，一還歸舊班。
尚有緣未了，榮華不盡刪。
海中花萬朵，朵朵自清閒。
顧我宛如笑，何時返禪關。
金鍾佛前動，驚醒月一彎。

七　夕

停機夜夜泣無語，一東一西傷獨處。
天河水深千萬丈，脈脈微情抱如許。
鳥也有情疊作橋，今夕原是歡娛所。
雲錦千章總不論，心中頭緒傾而吐。
尚有衷藏話不出，各向無言肺腑取。

寄語天雞莫早唱，一年一渡難爲主。
杯酒離別才澆罷，又報東方日出大如炬。

咏　古

自幼好武侯，長亦夢寐求。
每讀出師表，精神低徊留。
要其淡名利，草廬風悠悠。
不豔孫曹勢，常與崔石儔。
一枕臥天地，出處任自由。
先主非三顧，應不漫依劉。
一諾心無二，魚水君臣周。
赤壁承命起，直到五丈頭。
兩漢人一個，誰與共千秋。

燒無名衣

滿眼紙錢飛作灰，都傳此夕獄門開。
魂歸地下招能出，鬼伏林前喚若來。
一卷金經聊付與，千年落魄許輪回。
我心更比菩薩大，願有人天無夜台。

其　二

螢螢磷火夜分明，軀命應憐秋葉輕。
壽夭窮通皆一例，風雲露雨自三更。
死無愧怍生爲善，生果忠良死亦清。

教爾夜台高唸佛，佛光到處好逢迎。

狂　吟

我欲西到昆侖東扶桑，刻晷神遊遍大荒。
手挽銀河束作帶，足印五嶽峰尖傍。
指顧風雲生變化，左日右月挾光芒。
名山福地留不住，直窮天根月窟無盡藏。
木公招我酌流霞，金母喚我飲瓊漿。
紫微詔我扶元化，太乙掖我入天閶，
翼然端拱朝玉皇。玉皇見我方大笑，
的的仙才真獨妙。無符金簡將授女，
大羅兜率姿覽眺。駕虬龍以回環，
仗羽葆而爭耀。忽然金星入奏
律令急報，下方待澤億萬戶，
誰生民將福造，望霖雨兮懸懸，
思千古兮周召。帝曰子來前，
莫處返瑤天，且向人間揮霍幾十年，
再來許爾作神仙。螭街拜手稽首揚命出，
下視齊州九點煙。

清・江汝鰲（？—？），蓮花坊樓瀟江人。餘未詳。

贈黃龍庵僧

岩居面壁自求安，缽受香廚洗肺肝。

大海回頭便是岸，菩提樹長耐凝寒。

清・賀吴生（？—？），蓮花三板橋人。著有《湖德堂詩集》、《名宦録》和《静觀堂集》。

瑶溪即事

丁巳避兵，瑶溪與寧氏君子歡聚，憶昔年寄寓君啓"觀星樓"上。今恨老友不見，即事志感，付其令嗣泊如焚之几前。

中霄扶病雨中奔，盡日牽攀始及門。
人訪舊時惟半在，聲悲一往卻還吞。
焚香忍拜經年墓，剪紙勞招屢斷魂。
獨向觀星樓上望，龍鱗手種澤長存。

清・賀文炤（？—？），蓮花良坊人。餘未詳。

清明日省始祖唐令公墳

宿儒循吏姓名喧，鬱鬱佳誠亙古存。
一象卷湖著奇迹，雙株拔地重靈根。
東南基奠良方族，八百年成善慶門。
雨露既濡心怵惕，徒澆杯酒向荒原。

清・劉光頎（？—？），蓮花琴亭人。生平未詳。

和山長劉理圃先生琴水書院夜坐

劍佩來千里，山高水亦深。
幽懷攄寸管，別調寄孤琴。
獨書風塵表，難忘月夜心。
寒窗增旅況，紅燭坐沈沈。

清・賀持斗（？—？），蓮花琴亭人。著有《循陔堂雜編》和《志學類纂》。

丙戌水灾紀事

（一）

聞說嶺頭煙黑初，霎時洪水遍村墟。
蛟如牛大鼉如布，田作江流人作魚。

（二）

地裂山崩四處同，人家好似處湖中。
許多骸骨誰收得，黃犬常銜出舍東。

清・段之敘（？—？），蓮花坪裏人。生平未詳。

記 大 水

道光丙戌之六月，廿五廿六雨不歇。
重雲暗淡風怒號，雷公電母滅蹤迹。

我時訓徒障川閣，通宵不眠心慄慄。
晨門一啓肝膽寒，如駕大舸中流兀。
生徒磨刀霍霍聲，於牢執豕流其血。
血流頓覺水勢殺，莫是神明鑒恍惚。
午後解顏出山門，風定雨微雲猶黑。
是時方慶多黍禾，彌裏高壟爲蹙額。
未獲盡偃已獲溧，禾架禾桶與俱沒。
嗟哉農子春徂夏，風雨掃曬赤日炙。
食爲民天天難憑，士女燈下愁百結。
僉雲水自高天岩，老蛟騰出山四裂。
梅州琴亭至礱山，村落市廛一朝失。
耕田織女無富貧，陟然化作魚與鼈。
攀木援岩亦多人，且喜餘生倖免脫。
卑枝成椽茅作瓦，半釜破甕泣幽咽。
囊中無錢何處糴，身上無衣秋風烈。
翻思如此雖有生，有生不如無生得。
吞聲躑躅在今日。

清・劉方榮（？—？），蓮花湖上人。餘未詳。

九日偕僧一峰偶哲暨及諸子登西雲山

山川相見信多緣，九日重登憶去年。
總是孤笻堪自得，況偕好侶開逃禪。
奇峰遠挂眉間地，飛鳥翻遊足底天。

歸路遲遲生靜想，霜林紅葉向人妍。

清・甘相明（？—？），字鼎調，蓮花坊樓南陂人。

盤山龍洞藤

采芝複采芝，深山更深處。
青壁挂孤藤，仙人從此去。

清・陳　藉（？—？），蓮花坊樓人。著有《平治書五十要覽》、《考古諸論》和《種德軒詩草》。

歐山怡園叔返高山峰

層岩自能伴，食薇不爲貧。
對月堪聯影，分袂悲異聲。
國難半生滑，出入備苦辛。
朝露弄衣漬，石徑費逡巡。
半途冒炎午，倦坐憩竹筠。
忽指柴門近，卻步走深榛。
獨行佩奚中，誰何蘆中詢。
偶聞刈獲聲，空山幸有人。
自分同遊伴，敢曰擬天民。

清・彭秉恕（？—？），蓮花湖上人。餘不詳。

游石城洞憶藥地和尚

伏日息石城，瓊石如水晶。
白雲覆其上，衆竅奇見聞。
洞頂辟一竇，團團點兔睛。
洞腸流源泉，皓皓濯我纓。
於中有仙榻，倦時亦可親。
於中有仙梯，興到亦可升。
於中有田畝，望子隰畇畇。
於中有鐘樓，叩之聲鏗鏗。
遊人窺雪洞，盛夏思裘衿。
遊人過風洞，壯膽亦怵驚。
仰瞻懸岩上，常挂衆鼯鼪。
俯察沈淵底，常遊衆魚鱗。
遙憶藥地遊，有詩莫能賡。
俯仰千餘載，宇內如沸羹。
何如入桃源，真堪逸此生。
非然聲色逐，非然名利爭。
怎似空桑子，莘野兮躬耕。
怎似磻溪翁，渭水兮釣鯖。
柳下聖之和，袒裼而裸裎。
首陽聖人介，慷慨而忠貞。
皆古聖人也，吾未能有行。
乃所竊慕者，青原千載荆。
荆爲藥地枯，還爲藥地成。

未遊石城時，石城先有荆。
森森待門右，雨潤而日暄。
磐石爲之承，松柏讓爲兄。
蒲柳未落葉，其中仍蓁蓁。
珍奇不虛出，長此護石城。

清・劉　鉽（？—？），蓮花路口人。餘不詳。

九日擬登石門山弗果十月始快游焉憇檐葡林訪僧不遇

尋秋時已晏，乘興且看山。
石險門無鎖，穀盤雲亦灣。
黃花逸韻晚，簷葡梵天閑。
無俟逢僧話，塵襟自覺刪。

清・金　映（？—？），蓮花下坊清塘人。餘不詳。

同賀予將游禾山

到處探奇未肯慵，高山逸士偶然逢。
藩吳障楚金城壯，下殿辭樓玉女容。
源祖鼓聲松引鶴，魯公書法水吟龍。
從君漫話匡時事，且數嘉禾七一峰。

清・李之轍（？—？），字蘇穎，蓮花琴亭平静人。

餘不詳。

九日同友人登天心山

憑高已覺此身浮，步入天心興悟幽。
遠近楓隨秋氣老，江村煙共碧雲流。
菊翻蝶影迷僧徑，風落鴻聲送客愁。
誰健明年總莫問，一樽辛樹且相留。

鵝　公　嶺

拂露上鵝嶺，興高山若低。
茶煙才一息，紅日已朝西。

清・李本仁（？—？），字德先，蓮花琴亭芳園人。著有《太極圖解》和《西銘直解》。

琴 亭 懷 古

千古人何遠，傷心溪上亭。
高山猶何仰，流水更誰聽。
豈是塵埃內，頻未物色瞑。
伊人即宛在，眼底信難青。

清・李聲振（？—？），蓮花琴亭人。生平不詳。

玉壺山懷古

玉壺山磊落，憑吊積詩城。
曠邈來仙屐，清空隱相名。
勁松調古韻，流水泛弦聲。
靜裏探幽趣，超然遠俗情。

清・李鳴鳳（？—？），字兩喈，蓮花南嶺超村人。

碧　雲　峰

勾漏雲遊處，仙蹤寄碧峰。
何年成古寺，此日蔭長松。
疊嶂來煙鎖，飛岩拓霧封。
捫蘿淩絕頂，清絕出塵容。

清・李乘雲（？—？），字嘯庵，蓮花平溪村人。

秋日重游石城洞恒劉聘君

洞天氣奕亦佳哉，訪勝重邀杖履來。
空谷不勞緪弊降，好風常拂縫幃開。
壁横春蚓摩殘碣，岫卷秋雲護綠苔。
一卷紙今陳迹在，易台遙映讀書室。

清・陳　逵（？—？），字中肅，蓮花坊樓烏溪人。

舟下碧灘

舟放碧江口，晴光正射沙。
怒濤穿壘石，飛瀑掣金蛇。
灘急流雲蹙，帆輕逐浪斜。
瞿塘聞說險，無事問三巴。

清・陳文孫（？—？），字恕先，蓮花坊樓烏溪人。

紫雲岩瀑布

迂回石徑仰岩從，百尺懸泉濺碧空。
草際浮光垂匹練，岩端飛雨落長虹。
望窮澗底流花影，劃破松陰織霧朦。
更欲尋源峰頂上，紫雲深處問龍宮。

清・甘萬里（？—？），字月峰，蓮花坊樓南溪人。

江洲步月望盤龍山懷人

散步晴洲上，相看月滿巒。
影連雲樹密，光浸水波寒。
野碓舂殘夜，疏鍾度遠灘。
伊人何處是，蘆荻映江干。

民國・郭勉難（1878—1931），蓮花下坊灣西人。業儒，民國二十一年蓮花縣長。

母六十壽志感

（一）

寡居卅載懍冰霜，罄竹難書苦備嘗。
午夜燈殘猶畫荻，儒冠空戴愧歐陽。

（二）

祿養何如菽水歡，微名角逐太無端。
春明留滯黃金盡，欲賦歸歟道遠難。

喜拔烟苗

自昔田疇種桑麻，於今罌粟遍田家。
縱然價善錢盈貫，何似年豐黍滿車。
培植良苗須勸勉，芟夷毒卉莫嗟呀。
從此種勿遺新邑，裕國康民許共誇。

初春晨起偶感

聲聲鳥雀噪簷端，睡起披衣戶外看。
曉日初升吞複吐，晨風細發暖仍寒。
四鄰活計勤中覓，萬物生機靜裏觀。
最是春光無限好，尚存一息敢偷安。

民國・李嘏齡（1864 — 1926），字純壽，琴亭鎮南門村人。晚清秀才。

錦屏峰遥叩武功金頂祖師真人

雞鳴牛夜覲龍顔，玉漏聲催更未闌，
露湛金階鴛鷺肅，風清節屋棘荆刪。
葵葩向日傾香瓣，菊䓫延年送壽山，
願得各門俱吉慶，燈花瑞靄斗牛間。

民國・劉乃祺（？—？），字鐵生。清末民初在江西高等師範學院畢業，畢生從事教育工作。

榴花照眼淚痕多

神州消息究如何，近有魯陽揮日戈。
縱使火龍翻地軸，莫教胡馬渡天河。
北門鎖鑰寇忠魂，南部勳名馬伏波。
老我不才無補處，榴花照眼淚痕多。

[編者注] 原詩失題，此題系編者所加。

民國・李玉佩（1881 — 1945），蓮花琴亭西邊人。

暢春行

騎驢覓句跨溪橋，春到人間又幾宵。
雨後好山鹹觸目，風前弱柳半垂腰。
羅宵嶺上閑雲豔，文彙河邊粉黛嬌。
獨有元陽深莫測，漁人未必敢輕佻。

思念幼子獨留南昌

心潮酷似海潮翻，寢食不寧度曉昏。
一對雛鳥窩兩處，夢魂夜夜繞章門。

[自注] 幼子：指李白帆，時年十四，獨留南昌工作。
章門：指南昌章江門，時白帆充南昌某單位錄事。

民國·李彝重 （1898 — 1960），字銘鼎。琴亭鎮南門村人。

春晴步游郊外

晨起步芳郊，恣遊亦快哉。
聲聲鶯語巧，處處桃花開。
淑氣隨身繞，春風拂面來。
前山看不足，臨去尚徘徊。

步望元陽洞

瞻望靈境一徘徊，頓覺神清眼界開，
瑤草瓊花沿路放，龍涎石髓逐聲來，
青山依舊蒼顏在，白髮初新夕色催，
何日再臨重眺賞，細尋墨池及書台。

[自注] 相傳洞旁有唐相姚崇洗墨池及讀書臺云。

雨　後

涼生雨後獨尋詩，正是愁人得意時，
閑眺池塘魚躍水，靜聽芳樹鳥啼枝，
園中蔬蕨添新綠，階下莓苔還暗滋。
忽憶隴頭三兩畝，田禾沾潤尙嫌遲。

[自注] 適友人至。

中秋感懷

驪歌分手唱河梁，憶度秋宵四易霜，
知已感恩心耿耿，衰年再會事茫茫，
山中野鶴猶思迅，海上仙鼇或許狂，
若得壺公縮地術，一葦飛渡當仙航。

捕　魚

橫塘十畝草參差，又逢水淺捕魚時，
偏是漁人遭摒棄，沿旁不許下釣絲。

中秋對月

萬里無雲天氣清，一輪晶魄照窗明，
蟾宮原是神仙窟，何故卻容偷藥人。

民國·陳立發 （1899—1968），字三益，號玉虛子。縱情山水，隱迹江湖。

丹 桂 秋 香

寂寂蟾宮幾樹陰，吳剛縱伐不消春。
才郎莫訝秋色淡，一度花開一度馨。

李步青（1908 — 1988），蓮花琴亭西邊人。

憶 昔 縣 試

當年筆掃縣文場，氣焰淩人翰墨香。
頂甲成三隨手取，高登金榜冠群芳。

[自注] 頂甲成三：榜示前三名：（1）李白帆（2）賀英燦（3）李步青。

周承德（1914 — 1997），號恒瑾。蓮花琴水楊梘衕裏人。黃埔16期學生，旅臺人員。國民黨航空官校政治部主任，1996年回蓮花定居。

廣州會見兒孫歸臺感賦

離析分崩四十年，顯然滄海變桑田。
壺公勿縮相思地，媧氏難彌別恨天。
史有羅論分必合，可從老學曲爲全。
時機有意將松結，策士無方可補偏。

接小孫談楊梅詩感懷

遊子有誰不夢鄉，故園泥土亦芳香。

已知中落猶回顧，何在勃興賴東裝。
人道近鄉情會怯，我思往事沸如湯。
子規窗外聲聲喚，五味心頭夜又長。

李白帆（1915 — ），蓮花琴亭西邊人。黃埔軍校 16 期政訓科畢業，參加抗日。民國時期，曾任上尉、少、中校軍職及縣政府秘書、科長、琴亭鎮鎮長、鎮民代表會主席、蓮花中學教員。

秋　收

東風東去西風西，黃菊疏疏在短籬。
誰解農夫忙煞了，芙蓉倩笑據高枝。

賞　月（四首選二）

閃電飛光春複秋，疾如急瀑不回流。
嫦娥面貌猶同昔，惆悵老夫白了頭。

風吹嫩柳影絲絲，正是嫦娥欲醉時。
誰把水銀澆滿地，藍天碧透好題詩。

秋深三首

仳離乖戾黯然天，悵看閑雲飄夕煙。
青帝正愁留不住，雄風又攖花塢前。

翠台日日落英紛，脫盡名花不忍聞。
風雨端的無賴甚，摧殘秀質許殷勤。

紛紛無主亂飛花，催動清夢到天涯。
空谷佳人傷絮薄，牽蘿補屋悵流霞。

留別正雅先生

事若奔輪總不休，蹇驢背上度春秋。
半壺濁酒羞邀月，幾句瘦詩敢仰頭。
萬木蕭蕭飛敗葉，百年鼎鼎放流舟。
人生有限情無限，臨別憑添一段愁。

賦得“飛雪”禁用‘雪白’二字二首

滄淨烏啞亂冥朦，乍見鵝毛舞太空。
地凍天寒鏡閣冷，火紅酒綠玉光融。
棉衣破舊含溫小，幬帳孔隆補術窮。
牖隙風刀真惡劣，偏從弱處襲衰翁。

絮舞空庭正密痲，初聞廖廓亂噪鴉。
寒風作浪爐生火，枯樹垂枝夜著花。
千里冰封成一統，百川鏡蓋亦豪華。
嗟惟凍死叫街丐，手捏菜根囊盛沙。

黃　昏

豔絕人寰巨畫圖，丹青蓋世古今無。
流霞萬朵真嬌嬈，落日一團更特殊。
遠處牛羊三兩點，近郊耕稼十餘夫。
風光信美山川俏，又見飛花秀鏡湖。

"吟似候蟲秋更苦"得眠字

萍漂有岸未沾邊，忍戀空房十六年。
愁對妝台奩鏡破，長睜夜目鰥魚眠。
大虛幻境卿先去，稀世浮光我窘纏。
吟似候蟲秋更苦，不言天寶亦愴然。

致黎教授振民同學（二首選一）

嬌荷含葯水仙開，月滿池東小釣台。
漱井清泉茶好煮，迎風翠柳夢初回。
蛾眉杏眼添詩興，寶鏡銀光卓詠才。
總是濃情包不住，因風吹向故人來。

聞中醫李譜安同庚逝世

神農百草俱嘗盡，未著永年不死方。
薤露悲歌座客淚，噩耗乍聽哲人亡。
同庚數子惟君健，百事縈懷獨我涼。
來是無憑歸更惑，最難續命一瓢湯。

春意婆娑

婆娑嫩柳拜春風，白水清波滾滾東。
新燕初翻雲際舞，彩霞又翠雨餘菘。
輕心莫掉朦朧目，快意長欣蓑笠翁。
多少好詩爭入眼，山南山北總相同。

洞庭之役

倭寇侵華憶昔年，國防力弱暗烽煙。
炮痕漫衍三千里，戰火燃燒半個天。
湘岳水騰敵艦浪，死生氣壯洞庭淵。
拼將熱血護疆土，八百健兒殞玉泉。

今日蓮花

迤南迤北暢交通，大道高樓建造工。
預定三春除舊貌，先將一鎮換新風。
層層廣廈淩雲表，燦燦霞光耀市中。
前度劉郎重入境，應驚今昔異姿容。

致旅臺同學二首

背井離鄉數十年，天遙水遠對蒼煙。
夙嫌當棄重攜手，三合達成永並肩。
祖是炎黃真氣壯，人非草木應情堅。
精誠團結渾無間，血脈暢流一統天。

中華一統百重情，攜手言歡憾自平。
行效夷齊真小節，義關國族應同鳴。
花逢春日清香漫，人到老年事理明。
餘力不遺謀合作，萬方都有絃歌聲。

夜飲即席

不期而遇發皆毿，投膝溫馨長夜談。
移動金樽斟美酒，仰看玉宇放新嵐。
三杯悟道幽情遠，一醉消愁春睡酣。
醒後呼童傳紙筆，詩中重寫好江南。

春　夢

錦衾孤枕夜三更，東風催豔畫難真。
饒舌鸚鵡傳佳話，入夢鴛鴦逗悶人。
簾卷清幽香露滴，風掀亭榭嬌花嗔。
無端惹得春懷動，不是年光笑語頻。

驚聞姪女蘇仲病危

消息乍聞神自驚，兩行老淚似泉傾。
誠知猶子餘天小，悲切噩耗耳際鳴。

游黃暘山抒懷

我乃孤陋老書生，窮年邀月侶長庚。
綠苔滿院緣客少，高軒駿馬寂無聲。

六十春秋寒徹骨，與衆隔絕一身輕。
愧是觀天頻坐井，眼界狹小半似盲。
峨峨黃暘譁大譽，自笑至此方知名。
我來默禱層峰透，仰見突兀向空橫。
古木參天環古廟，紅紫紛飛雜瓊英。
鍾磬鏗鏘神壇穆，香煙繚繞道心亨。
廟內老人迎俗客，誤我今之向子平。
風度依稀似舊識，問名笑憶夙容驚。
不戀俗塵隱於轂，整頓寺觀猿鶴盟。
車如旋風臨絕頂，朝拜人流極恢宏。
賤子頹年瀕九十，一裏小程猶窘行。
因之胸臆大歡悅，卻愛黃暘聽流鶯。
自覺雄心衰落甚，恰似古井水一泓。
安得微軀堪複健，來年執灶附雁征。

良秋八九月

良秋八九月，明靜見南山。
垂花與屏嶺，紅葉俏斑斑。
昔年當此際，詞客競往還。
於今斯道沒，人盡鑽錢關。
錢能通神鬼，富饒開心顏。
我不循此道，樂在詩酒間。
九月愛初九，登高自盤桓。
頭上無紗帽，不怕風落冠。

入眼任欣賞，身染一林丹。
得句引壺觴，對影同交歡。
微風輕舒拂，桂馥沁堪餐。
忽焉悠然醉，狼藉雜杯盤。
醒後一長嘯，聲如洪湧灘。
潺潺有餘響，蕩漾石岩湍。
湍清可濯纓，湍甜潤肺肝。
人生能幾許，轉眼歲月殘。
胡爲不行樂，行樂心常安。
興盡詩滿囊，提壺下山巒。
回頭望西嶺，斜日剩三竿。

春日遠眺

楊柳青青蓊水濱，平田秧秀及時新。
高樓驚看大江浪，勢若浮天蕩盡春。

致賀志堅仁弟述懷

天涯我有舊知音，更喜蜚聲翰墨林。
萬里迢迢長惦念，尺書屢屢感關心。
稀齡越七秋雲黯，寒度到零暮雪深。
苜蓿欄幹堆食案，清風伴袖冷森森。

瀛海客

客路低回碎卻心，滄桑寄夢到而今。

何堪夢裏人皆老，猶憶席前酒更斟。
擊缽新詩無險韻，鳴琴雅調有知音。
懸知此樂洵難再，裂帛秋鴻尺素沈。

夢　山　游

山，山連山，危崖險峰不可攀。
仰視巍岩隱雲端，
鳥飛不得上，強翻懍登天路艱。
一夫把關，萬夫不還，九曲飛泉十八灣。
百鳥咿嚶，奇花爛斑。
我欲因之窮絕頂，心雄氣壯，百笑堅頑。
既興盡而下走，聊摳衣穿荆蠻。
再看時，枕席依然、景物遽杳、惟聞龍鳳陂水嗚潺潺。

木蘭花慢（寄賀雲翼先生）

看晴空萬里，人殊處，遠無邊。
嬌月照梁園，星垂平野，露濕遙天。
心潮驀然激起，嘯狂瀾，滾滾路三千。
脅乏翼，難飛渡，料衷情，兩相牽。
大地風光、無邊嫻雅、割斷山川。
何須截江鐵鎖，願中和檣櫓共迴旋。
客予重歸故里，掃開隔岸雲煙。

江城子（秋聲吟）

秋風時節雁南征，露珠傾，夜猿鳴。霜重鳥啼客路斷人行，嫋嫋炊煙千萬縷，花徑靜寂無聲。

高空閃爍舊時星，壯懷生，逆氣平。皎月一彎冷寞向誰明？“伏虎英雄”今老矣，既困窘又埋名！

［自注］“伏虎英雄”是抗日時，我生擒敵酋荒木虎雄，大會表揚，賜此豪名，時在99軍。

浪淘沙（掃妻墳）

灑淚掃妻墳，形影兩分。肝腸欲裂吊釵裙。渺渺雲天何處覓，斷了聽聞！　　黃土掩清芬，葉落紛紛。香消夢杳暗煙雲。昨夜空幃啼鵑泣，哀思如焚！

金人捧玉盤（慶祝蓮花中學五五校慶）

記當年，勤培土，汗濕衣裳。一瞬間，人老鬢霜。韶光擲梭，四十餘，歲月猖狂。劉郎去後桃千樹，李亦芬芳。重來遊舊地，更馥鬱，益輝煌；憑添我多少思量。欣逢校慶，都爲“五五”弄絲簧。歌聲唱徹天花墜，飛入苑牆。

憶江南

過往事，猶與夢相通。舊日後湖魚戲月，不時堤柳鳥吟風。人在畫船中。

推笑臉，暗啓小簾櫳。細數繁星無一缺，五洲詩意仍長融。錦裙伴花紅。

相 見 歡

欲觀好景上層樓。月如鈎。一片清光紅葉萬山秋。望不斷、何璀璨，解千愁。自有許多詩畫入心頭。

賀英燦 （1915— 1992），蓮花坪裏人。民國期間曾任梅洲鄉鄉長。

新 圃 桃 花

宅北圍牆新作圃，桃花滿樹向人紅。
十年壯碩成梁木，千日紛葩豔錦虹。
飲露酌漿水錫料，芰莎培土我加工。
夜來乘興持杯酒，邀月效顰李白同。

邀李白帆、李步青赴坪裏會飲

我有佳醅儲已久，常期會飲共三人。
盤虛市近何愁滿，酒到詩多合有神。
除棹巾凡存李白，增添雲雨出風塵。
餘生幸喜知音在，屈指浮光又幾春。

劉建喜 （1917 — 2003 ），蓮花升坊花園裏人。

泥　潭　困

歷史問題渾乏真，泥潭陷我最傷神。
滿頭白髮標辛苦，粗糲充饑負此生。

郭睍予（1920 — 2003），蓮花下坊泰桓村人。萍鄉鰲洲中學畢業，小學教師。

懷念實秋先生（六首選三）

（一）

先生少小獨非同，馬列潛心思想通。
國難當頭志士急，毅然投筆樂從戎。

（二）

夙興夜寐軍戎勞，爲國獻身正氣高。
未酬壯志身便死，汾陽後代失英豪。

（三）

今有明庭盛世天，神州萬里喜連連。
蘭馨桂馥恢先緒，堪慰英靈安息眠。

周福開（1921 —　），蓮花南嶺硯溪人。兒時讀過兩年私塾，後輟學務農，聊以寫詩作聯爲趣。

登黃暘山

久慕名勝地，特上黃暘山。
彎腰登絕頂，寺宇參雲間。
衆僧迎面笑，入殿拜佛顏。
環繞觀幽景，日暮趨步還。
鐘聲猶在耳，已過幾重關。

毛鐘雯（1922— 2001），又名毛西萬，蓮花花塘白馬村人。

蓮花新貌

蓮花面貌換新裝，街道縱橫十裏長。
大廈連雲星斗燦，琴亭映日彩虹光。
萍浮蓮水泓泓碧，鄉種山花處處香。
萬畝果園齊吐豔，千頃油菜正爭黃。
城南開發新區旺，郊北經營偉業昌。
重點工程跨十項，新標五項更輝煌。

農事

穀雨家家農事忙，爭分追秒惜時光。
蓮萍道上行人少，萬戶千家搶蒔秧。

朱絳羨（1922 — ？），蓮花琴亭人。

寄平雲老友

鯉魚坪上與君別，花開花落四十年。
世事滄桑難自料，夢醒何須悔從前。
夜闌風雨思老友，命途相似病相憐。
昔日青絲今霜染，俯仰不愧地和天。

肖光明 （1923 — ），蓮花南嶺人。退休幹部。

文天祥紀念館觀感

壯麗雄偉紀念館，後代緬懷宋文山。
浩然正氣永傳世，視死如歸震宇寰。
忠君愛國留青史，保宋扶民照人間。
英豪志士皆欽佩，叛徒屈膝應汗顏。

朱嘉榮 （1924 — ），蓮花荷塘人。

和賀志堅先生《黃旸山紀行》詩

峰高嶺峻有禪庵，神道通靈人敬香。
暮鼓晨鐘音嘹亮，千民萬衆朝黃暘。

山回路轉徑通幽，或步或車任意遊。
古樹參天是勝地，峰巔泉水經常流。

頻年朝拜衆相聯，善女信男一路牽。

瑞靄清風騰紫氣，良辰美景豔陽天。

依稀舊夢似飛灰，燈火同窗寡匹儔。
別後年深雙鬢白，重逢淚滴夜光杯。

愧乏佳肴歡此夕，千言萬語話歸客。
舉杯騰笑疑在夢，打退閻羅催促迫。

此生終老在泉林，半似輕煙半是萍。
老驥頻年長伏櫪，不堪綠苔漫寒廳。

郭燦文（1925 — 1995），蓮花下坊鄉洞峰人。退休前曾任教師、小學校長，參與編輯《蓮花縣志》（1989年版）。

懷念實秋先生（四首選二）

（一）

先生抱負非尋常，馬列精深有主張。
奮起從戎奔萬里，黃公軍帳展其長。

（二）

千家萬戶歌升平，桂馥蘭馨裕後昆。
舉目山河非舊貌，紅旗招展慰英靈。

賀志堅（1926 — ），蓮花良坊人。讀蓮花中學高一被拉去當兵，現旅居臺灣省。著有新詩集《白雪陽春》、《秋聲賦》、《歸帆》、《橋與路》，散文集《相思林》、《山水田園集》、《月露風雲》、《蛇子形這條路》、《簡寫臺灣》；論文集《金石語文》、《我們這個社會》；觀光集《細説臺灣、大陸風光》；丹青集《各種花鳥蟲魚》以及世界名著評介、唐詩選讀、寫作要領等，

烏來行（四首）

二月廿四日吾友曾憲漢伉儷，約筆者及與内人張英俊伉儷、周密伉儷共八人，同游臺北縣烏來風景區有感。

其　一

終日埋頭筆硯間，假期結伴去登山；
摳衣攀上尖峰頂，心與白雲兩共閑。

其　二

千崖萬壑鬱葱葱，出岫白雲伴惠風；
鷗鷺翩翩三匝樹，一聲狂叫各西東。

其　三

峭壁嶙峋瀉瀑布，沿途花草半有無；
林葉片片翠欲滴，陽光照亮萬斛珠。

其　四

朝辭臺北去烏來，烏來風景暢胸懷；
遊罷歸來臺北後，眼中些無片塵埃。

訪山村

（一）

踏遍鄉村過小橋，幾番玉樹複芳郊；
繁華看遍百城郭，未若青山綠水嬌。

（二）

風回日暖禾苗秀，田圃瓜蔬同噴香;
嫋娜暮煙出屋頂，雞啼犬吠夕風光。

（三）

陣陣飛鴻憩樹巔，牛行踽踽帶泥痕；
好音不斷欣田婦，喜報豐收犬吠門。

過　漁　港

堤邊漁婦織疏羅，屋角蜘蛛拋織梭；
千頃滄海魚網碎，夕夕斜陽伴碧沱。

謁　黃　陵

我來西安謁黃陵，不爲祿位不爲名；

一柱馨香繞千樹，魂牽夢回　尋根。
聖陵古柏翠森森，銜哀隱淚陳心願；
江山一統隆國祚，民康物阜望河清。

一九八九年十月六日全灣舉者專家教牧名流訪問固，應：中共有關當局逛請至面安黃陵祭棹，于當日上午七時舉行祭典拔，夜宿 * 城賓館有感。

思故鄉

（一）

思我故鄉，碧山蒼蒼，
奇峰競秀，古剎瑤光。

（_：）

思我故鄉，琴水泱泱，
梅州瑤溪，逢源豐穰。

（三）

思我故鄉，上隴分疆，
九　六市，物阜民康。

（四）

思我故鄉，高州在望，
橋頭路口，美哉升坊。

故人有酒歡今夕，　慰乃同窗別久客。
六十春秋成一瞬，　浮生翻感曙光迫。
少時窗友半凋零，　我亦隨風水上萍。
追日策鞭飛駿馬，　青絲霜染"蓮花廳"。

周握仁（1926 —　），蓮花琴亭鳧村人。

題照二首

風雨湖州又幾春，少年意氣未堪稱。
鏡中換了舊時貌，一襲青衫仍在身。

妻女遠來伴老翁，深憐闖逐十年中。
聊同鏡裏留三影，難挽晨曦一段紅。

劉治平（1928 —　），蓮花琴亭楊梘人。市、縣楹聯、詩詞協會會員。1979 年退休後參與編輯《蓮花縣教育志》。有詩詞、散文在省、市、報刊雜志發表。

夏夜

三伏炎天暑氣騰，西山月下熱纏身。
滴流汗水緇衣濕，飛竄蚊蟲拂面頻。
電扇送涼神志爽，熒屏播唱耳房新。
竹床稍臥忽成夢，闖入天庭飲玉醇。

領榮譽證

平生執教卅餘載，暑往寒來未敢休。
燈下布航書海渡，台前導向智宮遊。
消失心血鬢毛皓，傾注汗珠桃李稠。
黨政垂憐勞累苦，頒發榮證價難酬。

贊　松

對面南山數勁松，巍然屹立鬱葱蘢。
風吹雨打仍昂首，雪壓霜淩總挺胸。
頭頂炎陽無減色，身居焦土仍從容。
高風亮節群欽仰，墨客騷人詠事濃。

咏　鐘

時光老叟性忠良，晝夜無停運轉忙。
刻刻催人資醒悟，聲聲爲國惜分光。
勤夫爭秒功勳建，懶漢曠時沃土荒。
大好年華宜珍視，飛騰蓬勃造輝煌。

痴拜偶像

刻木成形泥塑像，儼然神佛出塵囂。
焚香叩首虔誠拜，長笑痴人枉折腰。

劉紅生（1928—　），蓮花琴水楊梘人。1966年畢業于江西教育學院中文本科。退休教師。

窗下臨池有感

門外溪流野草花，竹影搖搖短籬斜。
古稀弄翰自有韻，閑來月下聽田蛙。

咏　春

昨夜春雷驚遠天，無邊絲雨伴輕煙。
人間二月芳菲早，長使遊人醉似仙。

陽臺賞菊

不爭名貴不趨時，寒冷方能展麗姿。
陽臺盆中菊花放，無人可怨花開遲。

暑中習書感懷

七月嬌陽頭頂烘，閉門磨硯上寒宮。
世間慢許金錢貴，窗底常追魏晉風。
筆走龍盤懸飛瀑，雲傳鶴淚振孤蓬。
廣陵一曲書生淚，傲骨催詩燃碧空。

文　胤（1929 —　），蓮花南嶺貫山人。吉安地區人民醫院黨委書記。現系江西省書法家協會、江西省老年書畫研究會、中華硬筆書法協會、江西詩詞學會會員、江西省老年書畫協會常務理事、吉安市老年書畫協會主席、盧陵詩詞學會副會長兼秘書長。

頌　竹

荒野溪邊樂有家，雪侵霜劫顯風華。
歲寒喜結松梅伴，高節虛懷豈自誇。

黃　旸　山

黃暘名古剎，佛義布天涯。
蕓蕓衆生拜，縷縷青煙斜。

釣　魚　趣

河邊柳下自消遣，霞光萬丈百卉妍。
雲卷雲舒風浪裏，魚來魚去金河邊。
心牽釣叟天將午，目視垂綸興仍堅。
忽見竿前波影動，浮漂點破水中天。

齊天樂・迎新紀

九州春日風光好，登樓且抒懷抱。導彈行天，“神舟”拔地，開拓太空航道。地球似小。看風虎雲龍，競生鱗爪。萬衆謳歌，富民強國大功浩。

蓮花紫荊競俏，喜回歸港澳。華夏歡笑。唯有狂人，尤多小丑，頻見搖舌鼓噪。恣情干擾。盼海峽波平，陰霾全掃。一統金甌合臺灣寶島。

水調歌頭・青原山

重上淨居寺，剎裏住僧家。名山重建更美，古寺顯光華。崇閣瓊樓寶殿，描鳳雕龍獨特，深得世人誇。松柏韻絲竹，草木放奇葩。

青原美，山蔥翠，戲魚蝦。登山嘹望，欣看今日景更佳。綠水青山點首，紅壤鵑花怒放，如火漫山崖。雲繞山猶翠，見日映紅霞。

滿江紅·游井岡山

莽莽羅霄，燎原火，千秋熾旺。硃砂險，五姑飛瀑，秀峰在望。勝地風光春色豔，展廳文物照燈亮。舊居室，帷幄我神州，心寬廣。

原始樹，猴嘯亮。程十裏，鵑花繪。萬山朝旭日，儼如屏幛。漫步南山詩意盛，攀緣北嶺精神壯。若躲避，流火孟秋狂，進山爽。

淡溪叟（1932 — ），姓陳，名天相，蓮花三板橋橋頭人。在幾十年的工作生涯中，曾寫有多種體裁的文章及詩詞刊登于當時省、地級報刊，愛好廣泛。

紀三年困難時期

長空紅旗飄，躍進起高潮。
百業正興旺，群情干雲宵。
無端妖霧起，“五風”氣焰囂。
“三害”隨之來，蔓衍似火燒。
加之外逼債，舉國風雨焦。

國力遭破壞，人民謀食恪。
賴有英明主，與民同患難。
人民粗裹腹，領袖自減餐。
六月無肉味，愛民見膽肝。
體察民間苦，萬里不下鞍。
爲求拯民策，無暇計晨昏。
上下同一心，雖苦無怨言。
奮鬥三年整，困難不復存。
春風拂大地，物阜又年豐。
國家日強盛，人民樂融融。

登燒香亭抒懷

我和老伴參加重陽老年人的登高賽，登上燒香亭。登高望遠，心胸茫然。賦詩四首，以紀此游。

（一）

重陽節裏賽登高，老婦老翁強逞豪。
八百石階難阻步，燒香亭上競風騷。

（二）

玉壺突兀放新晴，肅殺秋風淅瀝聲。
吹散心中塊磊事，歸來衣上少紅塵。

（四）

蓮花寺裏停車輪，只見殿堂色色新。
少壯沙彌歌貝葉，木魚篤篤有心聲。

悼死釣者之聯想曲

去年與今歲，相繼二人亡。
死因無區別，同是釣魚郎。
二生非庸輩，智力堪稱強。
工作能勝任，辦事亦有方。
自從離崗後，澤國頻徜徉。
不幸一失腳，遂爾走北邙。
世人議論甚，責彼太荒唐。
我則異其說，事理非尋常。
時下論貴賤，年齡價最昂。
賢愚不屑論，年青響璫璫。
五十二三歲，一律要離崗。
雖然帶工資，生活有保障。
英年無事做，怎不閑得慌。
人皆有嗜好，各自擇一端。
平生好學者，整日坐書房。
盡興翻幾頁，順手寫幾行。
少數難嘔氣，打工走異鄉。
非爲衣食計，實乃避炎涼。
一群愛釣者，相約去水塘。

只求心歡樂，那管魚與璜。
也有閑無聊，邀人搓麻將。
輸贏少計較，籍以消時光。
有人愛散步，結伴上街逛。
繞城一周遭，回家夢黃梁。
更有長訂約，每日菜市場。
三五湊一塊，低聲道短長。
此輩何爲者，難描其形相。
欲斥其浪漫，還得細思量。

酬楊汝楫老先生

今年我在泰和女兒家度國慶期間，承楊老先生以新作見贈，讀感慨不已，不揣簡陋，依韵賦詩一首，以酬詩債。

快閣牆邊一老梅，錚錚瘦骨淩寒開。
狂風搖曳節猶壯，疏影橫斜韻未衰。
墨海揚波千重浪，詩潮飛舞百尺台。
桃紅李白相爭豔，德藝雙馨慶舉杯。

重游湖仙殿

結伴遊湖山，崎嶇道路難。
倆老腳雖健，攀登仍蹭蹭。
四歲小孫子，頻頻走在先。
有說又有笑，童子惹人憐。

登上湖山頂，風光勝從前。
老殿重修葺，新殿更儼然。
同來妙齡婦，虔誠拜佛仙。
求籤卜吉利，滋滋喜心田。
小孫亦好奇，上簽五塊錢。
我本憎迷信，那肯學參禪。
臨風憶往事，一九五三年。
遵例到此地，攻讀馬列篇。
原定一個月，方可告迴旋，
誰知三日滿，奉命又歸船。
自從離山後，重遊未忘衷。
半個世紀來，行色遽匆匆。
碌碌送歲月，心裏空朦朧。
讀書無長進，事業不成功。
亥唐誠難學，丁謂恥與同。
執鞭能富貴，我則願守窮。
清茶淡飯足，精神何虛空。
五腑無大病，行動亦從容。
只怨天不憫，兩耳俱已聾。
與人相對話，聽力殊欠聰。
無怪人討厭，只好自裝熊。
世事聽不到，管它西與東。
回頭看小孫，雀躍舞蹁躚。
四面任環視，處處覺新鮮。

提問一道道，我則答不全。
後問家何在，山下飄炊煙。

紀　游（六首選三）

十一月中旬，隨縣老年體協幾位領導到青島至大連綫旅游，參觀了不少名勝，作詩以紀此行。

嶗　山

天公造物有奇工，黃海之隈聳一峰。
岩石峋嶙多怪狀，瓊林婀娜自蔥蘢。
鐘聲常與濤聲應，羽客難和遊客通。
信是全真發迹地，教人何處覓仙蹤。

蓬　萊

爲遊勝景到丹崖，島上古祠次第開。
海市蜃樓屏幕見，煙霞青鳥眼中來。
仙山不度無緣客，瓊閣專迎高潔才。
莫說這身雖到此，精神遠未入蓬萊。

泰　山

不勞步履登岱宗，鐵索飛馳更從容。
有幸能尋磐石路，無緣再見大夫松。
眼觀雲海天爲界，身立危岩我是峰。
萬嶺千山一覽小，古稀到此足英雄。

五十述懷

行年知天命，天命豈可知。
蒼穹催人老，兩鬢生白絲。
樗櫟悲繩墨，枯木不合時。
若吟高格調，必遺後世嗤。
閉門日三省，尋趣自解頤。
讀書礪志節，遇事自釋疑。
臨池非本意，何敢有所期。
種花見精神，於中占興衰。
勤掃方寸地，不爲世俗欺。
以往之必鑒，來者不可追。

五絕二首

友人見風吹滿院梧葉，趣題落葉滿階庭句。當時各人依韵即席賦詩，我則成二首。

(一)

一夜北風冷，落葉滿階庭。
松柏依然翠，梧桐獨涕零。

(二)

昨夜朔風勁，梧桐自凋零。
只緣根底淺，不必怨寒星。

七　絕（四首）

《蓮花縣志》送審稿出來，各界人士評說不一，有感于此，賦詩四首。

（一）

曆盡艱辛史料叢，百年斷簡喜連通。
文章千古談何易，猶賴筆追造化功。

（二）

那管衆人雜說紛，真真假假自能分。
丹心留得志書在，從此無須再論文。

（三）贈諸老

難得老來志不窮，筆端氣象依然雄。
三年探驪索珠出，琴水長流長者風。

（四）贈諸少

誰說雛兒羽不豐，乘風搏擊驚蒼鴻。
後生可畏非妄語，古往今來息息通。

七絕（十首選三）

讀劉瀘年譜，感觸良深，心緒難平，賦詩十首，聊以述意。

（一）

年譜周詳述瀘瀟，浩然正氣淩雲霄。

逆風傳道見肝膽，無怪清名永世標。

（二）

靜臥山中心底寬，狂瀾獨挽蒼生安。
一朝聞道夕甘死，竟日浮雲帶笑看。

（三）

書院無辜詔禁毀，一時劍影刀光橫。
元城故事釋親友，五穀神祠春鳥鳴。

[自注] 劉元城史上的名官，不怕殺頭，譽爲“殿上虎”

五谷神祠：詔毀書院，劉元卿將復禮書院改爲“五谷神祠”，使書院從此保存下來。

遣　閑（十首選四）

（一）

堪笑不拘浪漫人，些無俗務絆殘身。
獨來獨往誰管得，一卷新書養精神。

（二）

平生不屑愛時髦，亦惡蟄居坐土牢。
閑與拙荊無一事，並肩郊外聽松濤。

（三）

一時興起拂几書，濡墨揮毫任意塗。
東倒西歪渾不顧，只求心裏得歡愉。

（四）

閑來讀史思悠悠，借古鑒今可消愁。
成敗興亡种种事，心潮起伏總難休。

七　律

傷別匆匆整一年，白頭相許逐雲煙。
我緣恣意戀樂土，君豈忍心臥牛眠。
但願芳魂繞薄夢，更求魚雁通黃泉。
春來花豔邀誰賞，獨自憑欄老淚汩。

七　律

習聞溪水潺潺流，滿地稻香正好秋。
樂志縱情觀廣宇，寬懷尋趣臥孤樓。
不愁盜蹠吠堯犬，難得丙公問喘牛。
到老不移瀟灑性，此心耿耿祭神州。

七　律

游鍋底潭水庫

酷暑驅車鍋底潭，湖光掩映攬層巒。

三枝利戟平頑洞，幾顆青螺落玉盤。
莫怪溪流無義水，且看波湧有情瀾。
功能多樣誠勝地，愧乏瑤琴細細彈。

采 桑 子

王綸武同志傳達上級關于改革開放的精神，聽後有感，故填是闕。

春光要數今年好。花乳微蒙，芳草蔥蘢，雨過青山點點紅。

遊人欲歇難停步。當慕飛鴻，莫負初衷，鳴鳥聲聲唱大風。

踏 莎 行（二闕）

中秋夜，对月怀逝翁，兼颂党代会的英明决策。

桂子飄香，金風送爽，嬋娟有意觸遐想。年年此日不能忘，深情難斷餘愁惘。

雲山蒼蒼，江水泱泱，紅霞原在人心上。無邊芳草戲斜陽，征帆乍起歌聲響。

桃園憶故人

小園月色籠愁緒，長夜徘徊誰語？欲覓芳魂無處，舉目東方曙。

蟬聲唧唧擾人意，怎斷依依相思。好夢難圓心碎，不盡沾衣淚。

菩薩蠻　中秋節

一年一度中秋節，不堪白髮催人急。明月落窗前，情懷魂夢牽。

終生難悟徹，有話和誰說。翹首望遐荒，風吹心底涼。

錦堂春　懷鄉之二

道路猶能記取，村莊變化非常。高樓到處林林足，比昔時輝煌。

夏日騎牛戲水，冬天逐角山岡。少年夥伴多爲鬼，暮色結愁腸。

長相思　清明節

時清明，月清明。陣陣青蛙窗外聲，夜深夢不成。

樹青青，草青青。無奈春光強入門，荒城暮靄橫。

清　平　樂

嬋娟舉步，只見嫦娥舞。今夕月明人更嫵，細吐衷情無數。

頻年寂寞深幽，難期一掃清愁。俯視大千世界，心頭憂樂同浮。

李存謙（1932 — ），蓮花琴亭鎮人。現任翠峰書法藝術學校校長、國際美聯翠峰書法藝術學校執委會主席、《翠峰書系列叢書》主編、中國國際文藝家協會博學會員、南京當代中老年書畫院名譽院長。

衡山紀游

半山亭

半山亭在半山腰，仰望絕巔路更遙？
莫謂桑榆紅葉晚，雄心登上會仙橋。

會　仙

仙人橋上會仙來，　但見群仙笑眼開。
彩練玉珮當空舞，　歌聲繚繞望月台。

井岡山紀游

尋　詩

驅車馳騁井岡山，路轉峰回幾盤桓。
攬勝探幽訪水口，聽泉觀瀑下龍潭。
層巒疊嶂尋營壘，霧繞雲縈上險關。
地迥天高峭壁峻，尋詩遊子不思還。

龍 潭 觀 瀑

一澗清溪少巨瀾，平流直下入龍潭。
懸崖峭壁飛銀瀑，幽邃深山蔚壯觀。

黃洋界遠眺

黃洋界上險關雄，浩渺雲煙在眼中。
遙想當年鏖戰急，猶聞昔日炮聲隆。
舊創營壘驅豺豹，新立豐碑褒悃忠。
一代英豪千秋業，丹青難繪壯心紅。

泰 山 紀 游

五嶽之尊推岱宗，千秋名勝仰天工。
嵯峨絕巘風煙盛，險峻逶迤氣勢雄。
麓下嶁培超齊魯，山巔佛殿藏仙翁。
而今我來遊東嶽，萬里晴空一片紅。

登 玉 皇 頂

策杖盤桓上玉梯，　萬千景象望中奇。
從來帝王來封禪，　歷代名人留碣碑。
玉帝觀前天下小[1]，玉皇頂下衆山低[2]。
高瞻遠矚磅薄勢，　賦我心神曠又怡。

[自注] ①孟子云："孔子登泰山而小天下。"

②杜甫《望岳》詩云："一覽衆山小"。

黄山紀游

嶙峋怪石競奇秀，絕壁懸崖曲徑幽。
峰險山高難盡看，風光無限不勝遊。

過半山寺

安步當車入雲間，不登絕頂不回還。
摩崖曲徑高還遠，壯若雄鷹過半山。

百步雲梯

百步雲梯陡又斜，何來大雁闖天涯。[1]
壑溝跌宕深且遠，造極登峰攬彩霞。

[自注] ①：百步雲梯是在雙峰對峙的懸崖絶壁上。鑿石爲梯，其形恰似展翅欲飛的大雁，上下攀登，心驚眼花，可謂險矣。

登天都峰

腳踩祥雲遊太空，蒼天浩渺際無窮。
平生喜好登高處，今日願償上頂峰。
喜看天庭多變幻，仰觀宇宙架長虹。
人間天上添風彩，只緣身居仙境中。

楊才庭（1932 — ），六市鄉山口村人。原吉安師範畢業，退休教師。

卜 算 子（3首）

（一）咏月季花

菊桂送秋香，桃李爭春豔。獨有季花與衆殊，四季花常鮮。

花朵向陽開，老圃笑眯眼。日日相逢不忍離，只待明朝見。

（二）蓮花贊

朱筆指藍天，玉管通輿地。身出淤泥不染污，本色愈嬌麗。

頭頂綠蓬氈，腳立碧池底。葉茂根深碩果香，招引人人喜。

（三）國共言和

兩岸久相違，怨解恩相守，大陸臺灣本同根，兄弟情深厚。

兩党再和談，國共重攜手，待到江山一統時，團聚歡歌奏。

賀奎霖（1935 — ），又名光平，蓮花良坊廈布人。在縣監察局、人民醫院、衛生局工作過。

聽　課（七絕）

2003 年，大暑時節，縣文聯于海潭墾殖場舉行格律詩詞座談會，請萍鄉市詩詞學會金道華講課，吟詩以志之。

暑日炎炎汗濕襟，聆聽會長講詩經。
新雛老鳳勤研習，寂寂詞壇定復興。

周忠林（1936 —　），蓮花下坊斜天人。《蓮花縣志》編輯，縣政協退休幹部，萍鄉詩詞學會會員。

下　廬　山

輕車雲霧裏，人在空濛中。
他日尋遊處，花叢有故蹤。

六 十 自 述

鬢髮滿頭白，入秋頗戀春。
蹉跎半世紀，忽忽近黃昏。

達本寺懷古

達本寺前羅漢松，天如手植留仙蹤。
禾山修煉傳佳話，九華挂單益內功。
江浙雲遊光俊彩，蘇杭弘道奠青紅。
高僧不是凡塵物，一去獅林靡靡風。

讀李白帆老《眼蒙視不真》依韻奉和

感慨系懷兩鬢斑，應憐黃葉漫秋山。
先生九十偏忘老，意氣相投起笑顏。

垂花岩

仙岩本是天心山，奇石削天雲海間。
風靜翳華留古貌，含虛罨秀注新顏。
半天香火飄靈氣，十裏經聲繞宇寰。
長念庵內垂花女，惟聞幽洞水潺潺。

[自注] 垂花庵爲蓮花千年古庵，幾經興廢，2001 年秋金氏村民捐資修復。

賀老年體協成立二十周年

老協建成二十年，兆翁翹首喜空前。
滙池奮翼桑榆美，高閣聽琴面貌妍。
千頃潮汐千層浪，一代風光一片天。
春色滿樓關不住，樂將餘熱寫新篇。

題福開族人《新編民間應酬》

八十老翁輯書叢，應酬分類志亦雄。
震聾啓聵有深意，獨顯硯溪長者風。

喜讀白帆老詩作二十四首兼酬天相先生

讀罷新詩逸興楊，彬彬文質仰賢良。
胸中珠玉文思敏，眼底風光意味長。
兩翁唱和不殊節，籬菊傲霜並散香。
一代文章誠可貴，蓮花池裏噴芬芳。

郭祖德（1937 — ），蓮花下坊人。退休教員。萍鄉市詩詞學會會員、蓮花縣楹聯協會會員。

濱河堤口贊

信步濱河曙色開，濛空馥鬱壘香階。
青山倒映半江綠，雁唳聲聲天外來。

葱蘢玉壺山

玉壺泛翠益蔥蘢，健步同登興未窮。
東澗蕊珠泉水綠，西山古塔夕陽紅。
松林寂靜宿歸鳥，鐘聲悠揚弄晚風。
回首遙觀朝覲處，禪庭暮靄漸朦朧。

賞菊偶書

羞與百花爭豔芳，寄形籬下傲秋霜。
院中一片蕭疏景，獨有隱菊噴晚香。

井岡山游

一年一度井岡遊，每擇佳期正晚秋。
龍潭瀑布玉珠滴，五指峰巔白雲悠。
翠湖泛舟碧波湧，疏籬尋芳隱菊幽。
山色湖光美如畫，幾度留戀興未收。

回鄉偶書

別離鄉中三年多，薜荔蔓生路坎坷。
惟有院內池中水，依然蕩漾舊時波。

大烟鵝形湖

湖光日影兩相和，水晶宮裏鏡如磨。
遙看岸邊楊柳翠，白銀盤裏一青螺。

雪　夜

夜闌淒寒燈不明，田野冥濛瑟瑟聲。
掀開窗簾聊注目，樹樹梨花處處銀。

贈郭燦文老師七十壽辰

飄飄時光淡淡風，華光一瀉又霜濃。
李桃漫漫情猶切，瓜瓞綿綿樂且融。
閑看春晴慈竹綠，愛觀晚照夕陽紅。
滿堂壽果彩衣舞，共祝南山不老松。

龍天雄（1937 — ），蓮花琴亭凫村人。吉安師範畢業。曾任中小學校長、縣劇團團長、縣電廠書記兼廠長等職，1997 年退休回鄉。

自　鑒

傲骨緣天賦，平生媚勢無。
真誠人可鑒，剛正一凡夫。

春　如

拙子半癡性似童，滿頭白髮蕩春風。
桃花莫笑愚翁樂，盛世歡歌與衆同。

秋　山　楓

秋山勤指點，萬木欠葱蘢。
獨有楓如醉，株株映日紅。

野　菊

願在荒郊原野生，任由霜打朔風横。
不求陶令東籬詠，甘飾客途遊子情。

硯　臺

生來性格頗堅狂，匠氏琢磨噴異香。
休笑黧烏貌不雅，能教墨客著華章。

偶　興

告老還鄉已七春，凫村駐足息風塵。
橫眉冷對當今事，笑看世間驕諂人。

咏　竹

此君高節更虛心，剛直柔和衆所欽。
蒼翠英姿永不變，板橋與可愛之深。

歲暮書寄“德安”兄

一紙音書寄日邊，離情漫漫越周年。
遠帆曾否作歸計？豈獨“德安”無杜鵑？

夜　讀

讀罷新篇理舊篇，書中養料潤心田。
每當啓發新詩路，長伴孤燈不欲眠。

讀古詩感嘆

六旬始讀古人詩，功底淺深只自知。
長夜短檠常伏案，一心彌補少年時。

閑 適 樂

山青水亦秀，日暖野花蕤。
鳥唱陽春調，風吟白雪詩。
友來棋取樂，興到醉塡詞。

日夕讀書報，也愛垂釣絲。

《西江月・年終大檢查》

平日高樓閑坐，年終大搞巡查。
達官強仕一車車，到處觀花走馬。
餐飲佳肴名酒，人人既吃還拿。
吃拿豐厚定標佳，誰究弄虛作假？

南鄉子・久別會故知

卅載疏班荆，夜夜徒然夢五更，欣喜柴門來遠客，欣欣，依舊當年柳色青。

小聚懷難傾，茅舍竹籬送客行，但願飛鴻傳資訊。頻頻，水遠山遙不斷情。

謝　岳（1937 —　），蓮花高洲人。曾任吉安地委委員、地委秘書長，吉安地區人大副主任。

游 鹿 回 頭

（一）

南海飛峙一雄峰，崢嶸突兀白雲中。
獵人追物今何在？剩有仙女鹿回頭。

（二）

登峰俯瞰三亞城，風光壯麗不勝收。
人海如潮車成龍，高樓林立檳榔蔥。

答　友人

（一）

雲崖絕壁一顆松，頂天攬月在雲中。
狂風驟雨吹不動，萬花紛謝獨蔥蘢。

（二）

走出書房奔農村，腳踏糞土育新人。
艱苦創建千秋業，爲民服務獻終身。

（三）

高山絕頂挺蒼松，巍然屹立展雄風。
寄意人生征途者，蒼海横流顯英雄。

游民族村有感

二十六族一村莊，各展風騷譜華章。
傣族佛塔高百丈，白氏文化流源長。
布朗毛屋添姿色，蒙古包內奶茶香。
民風民俗各一格，萬紫千紅中華幫。

賀高雲（1939 — ），蓮花琴亭南門人。吉安師範畢業。退休教師。

晨　練

星光暗樹梢，翁嫗練拳操。
舒展筋和骨，身輕體愈嬌。

李谷成（1939 — ），蓮花琴亭鎮人。長期從事史志編研工作。著有故事集《三看親》、《一支槍的故事》等，主編《蓮花人民革命史》、《中共蓮花地方史》。

廬陵雜詩（十首選四）

過永豐沙溪歐陽修故宅

沙溪聞名久，驅車訪斯翁。
有亭焉非醉，秋聲幾樹紅？
畫荻名天下，讀碑羨老龍。①
多情應笑我，猶自拜文宗。

［自注］①民間傳説歐陽修祭母文“瀧岡阡表”刻石載回故鄉，舟過鄱陽湖，龍王欲拜此文，掀浪覆舟。後此碑重現，字句間可見龍王圈點處。

蓮花朱益藩故居

先生清遺老，故宅有古風。

奉詔教幼主，復辟不盲從。[①]
建言拒日寇，諍諫顯孤忠。[②]
不隨榮華去，京門寫寒松。[③]

[自注] ①民元以後，朱益藩奉詔進京，爲清遜帝溥儀漢文師傅，後軍閥張勛欲復辟清室，以同鄉故召朱共謀，朱不爲所動。

②日寇侵華，溥儀與朱益藩謀。朱言“但主拒，不主迎”。後溥儀在日軍卵翼下作傀儡皇帝，朱力諫不從。

③溥儀在滿州稱帝後，召朱赴東北爲官，朱堅決不去，在京城鬻字爲生。

參觀吉安文天祥紀念館

丞相館建敦厚鎮，遊客滿山車滿門。
遺容神采鬚眉動，筆勢遒勁墨迹真。
五坡嶺下慘日月，零丁洋中見忠魂。
允是廬陵真男子，浩然正氣萬古傳。

過吉水解縉故裏

文峰鎮裏重文風，江南才子好戲龍。
下筆也曾驚天地，屢遭興廢命數窮。
大典編成冠今古，父老相傳活神童。
解縉故里何處找？高樓隙處數株楓。

蓮花古迹詠（十首選二）

酒　壺　寨

老嫗賣茶度日艱，感動仙人去複還。
傳得仙術茶變酒，叮囑此後心莫貪。
有酒猶怨無糟賣，貪心求財一何艱。
今日來到酒壺寨，教訓不忘歎再三。
欲壑難填君知否？先富要讓後富攀。

碧　山　口

巉岩峭壁路艱深，溝斷壑裂水縱橫。
山高江流石不轉，浪花飛濺十裏聞。
仙人驅來烏豬石，普渡行旅幾度春。
百年滄桑人間變，如今公路遍鄉村。
現代城鎮山中起，溪澗木橋早不存。
仙石蹤迹何處找？神仙應歎不如人。

蓮花文化名人咏

理學名家劉元卿

劉元卿字瀘瀟，明代理學大家。被朝庭聘爲禮部主事，任內多次上書，諍諫未被采納，憤而辭官回鄉，創建復禮書院，著書講學，爲一代儒學宗師。

千里求索拜師門，聘君聲名天下聞。
著書不爲登仕途，立論願能濟蒼生。
滿腹經綸無所用，歸去來兮獨慎身。
設帳林下能複禮，傳承自信有後人。

高僧釋惟則

釋惟則，蓮花坪裏人，自幼出家，在蘇州任住持方丈，與畫家倪雲林交好，家鄉有人送白鵝來蘇州，倪偷食之，釋惟則欲建園林，故罰倪繪設計圖。叠石爲林，構思精巧，即聞名于世的蘇州獅子林也。

早歲雲遊到姑蘇，吟罷寒山唱虎丘。
貽我白鵝歌且舞，引出畫家精繪圖。
疊石成林獅子吼，亭榭精巧世間無。
當年智僧今何在？留得傑作傳千秋。

院士劉恢先

劉恢先，早歲留學美國，1951 年回國，創辦工程力學所，任所長 30 餘年。對地震力學有精湛研究，1980 年當選中國科學院學部委員（院士）。

海外遊子鄉情牽，歸程從來不遲延。
報國何懼窮與白，獻身創業苦也甜。
學界泰斗成果著，力學之父美譽傳。

贊 山 泉

黄吻山頂有眼清泉，古往今來從不干涸，奇哉！

耐人尋思夜難眠，高阜之巔竟有泉，
更奇泉眼流不斷，莫非瑶池在裏邊。

哀泣兩小同學夭折

1982 年春，某礦山一工人與其妻不睦，矛盾愈演愈烈。一日深夜，棒殺其妻、掐死其兒、刀殺兩女、自毀其家。因其兩女系班裏學生，故作此詩附花圈以祭之。

有過父母鬧私怨，無辜兒女遭奇冤。
傷天害理古今少，毀花者是種花人。

和舅父送鏡詩

2002 年冬，吾遷新居，母舅贈鏡一面并附小詩一首："送與吾甥一面鏡，懸挂華堂舊也新。莫嫌此禮薄了點，能表心意也就行"。

母舅送來一面鏡，輝生熠熠景象新，
願將形影長留取，正我衣冠正品行。

周恢發 （1945 — ），蓮花南嶺長埠人。農民書法、楹聯作者，海内外書畫聯誼會會員。

花 甲 吟 懷

我乃蓮花一草民，耕田種地度光陰。
灑潑玉汗歸墨海，揮舞銀鋤運筆林。
忙裏偷閒將字寫，苦中作樂把聯吟。
今年恰遇花甲壽，詩酒書杯醉我情。

港澳回歸有感

港澳回歸志氣豪，百年恥辱雪今朝。
但願中華長崛起，歷史教訓永記牢。

李啓榮 （1945 — ），蓮花湯渡人。小學教師。

武功山即景

武功山上百花妍，三兩險峰落九天。
巔頂風掀天柱位，阜腰露濕地頭煙。
綠波滾滾松杉茂，青草粼粼杜櫟連。
領會人生真諦在，不求佛老不求仙。

乘車赴安福沿途所見

車窗電馳古塔影，滿目碧色清吾心。
群山奔來綠不盡，萬樹俯仰翠相侵。
峰回路轉山欲倒，雲飛霧罩崖忽傾。
泉聲潺潺鳥鳴處，山翁策杖笑相迎。

聶福民（1945 — ），又名聶扶民。蓮花六市探甲坊人。在江西省辦新餘市花鼓山煤礦工作。編過《花礦志》。主持編纂《新餘市志・煤炭工業卷》。新餘市詩社理事兼花礦詩社社長。

東林寺

一抔淨土鎮東林，普渡八方慧遠心。
結社譯文傳教化，立宗建寺重真金。
西來信徒拱腰拜，東去鑒真赴浪行。
留取六朝松葉綠，千年慧根又萌新。

老喜（1946 — ），姓李，名炳恩。蓮花上西渭溪人。

老教師咏

兼賀三板橋鄉老年詩聯書畫協會成立

弱冠時節執教鞭，品苦嘗甜夜不眠。
矢志拓荒常奮發，傾情傳道每爭先。
鬢髦已被雪霜染，意境難隨歲月遷。
到老吟詩撰對子，風流依舊似當年。

清泉寺

清泉寺，位于六市鄉西坑村。該寺面向高山，前高後低，有悖于建築常理，感此而作。

清泉寺院向南開，狀若跪求山仲裁。
唯有小溪無媚意，依然故我任縈回。

賀銀燕（1946 — ），蓮花琴亭西門人。大學本科，中學高級教師。愛好書畫，常與愛人同書同畫同歌，樂此不疲。

登玉壺山

聞說玉壺翠森森，山徑兩邊泉水吟。
當年松竹新插苗，如今滿山已成林。

礱山口

琴水南流至此回，塞江巨石大如斗。
綠水切開峭壁岸，銀瀑橫挂青陂頭。

閑　吟

晨揮銀劍夕調琴，作畫吟詩愜我心；
無事權從有事看，不知髮被雪霜侵。

賀中軒（1946 — ），譜名自檻，號倚松，蓮花琴亭斜田人。中華詩詞學會、江西詩詞學會、盧陵詩詞學會會員。著有《自檻詩詞》、《倚松吟草》和《故事教你趣學招》。

踏　歌

我踏山爲馬，揮鞭直指天。

雷聲能借韻？一曲譜空前！

對酒論詩

對酒常疑酒助詩，回頭自笑一書癡。
古今詩客皆能酒，未必佳章屬醉時！

憶

雨打梧桐自舉杯，凰兮不見空樓臺。
吟詩對月低聲問，幾度雲霞再轉來？

父親

嚴父背微駝，平常話不多。
鐵衣鹽露白，銅臉汗成河。
少問兒書讀，老尋柴斧磨。
子行千里去，叮囑似吆呵。

雨後春筍（新聲）

著力暗紮根，以迎天下春。
夜來風雨勁，竿挺日霞欽。
出世尖尖角，脫胎翠翠真。
聽得霹靂炸，騰躍欲拿雲？

教閑

教閑無事繞山行，恰恰黃鸝枝上鳴。

興至吟哦愁韻窄，風來吹拂有心聲。
書空寫意開胸境，拄杖過坡踩棘荊。
無字文章能寄味，誰人笑我短豪情？

春吟之趣

引吭高唱抖豪情，不盡東風夾笑聲。
樹嶺如濤開眼界，霞光似電照心城。
書空大草成龍字，過雨彩虹繡鳳旌。
最愛三春多變幻，吟詩弄墨任吾行！

琴亭橋咏

亭廢橋存不記年，晚霞籠罩故城邊。
彈琴人去遺殘迹，懷舊誰來歎逝川。
婉轉新歌縈畫棟，依稀古曲化流泉。
江山代有風華在，不盡雲霞伴夕煙。

春玉案・走好

人生晴雨兼程去，獨自往。誰知苦！戴月披星山水取，與龍蛇鬥，共雞猴舞。寫盡艱辛簿。

離鄉背井棋無譜，走好迷宮出岐路。策馬平川還舉弩，看風雲變，喜驚雷住，雨過花千樹。

臨江仙・我與青山相對坐

我與青山相對坐，輕呼似有回聲。流雲彙聚逐新晴。

笛音傳四野，野草懂柔情。

拼搏卅年成一夢，艱難困苦同行。而今人老話衰榮，平生無故事，誰許我真誠？

浣溪沙·寄海外

歲歲春風吹斷腸，倚門慈母淚汪汪。髮花牙落喚她郎。

奔走江湖人易老，回歸桑梓事難忘。他鄉莫認是家鄉！

定風波·訪插隊老屋

一路樓窗挂碧紗，陽臺花放降明霞。老屋何愁蹤影杳，誰笑？難忘野菜煮年華。

牆透冬寒風雪冷，餘病。支書來顧淚巴巴。一夜春風桃李暖，時轉。回城廿載訪農家。

沁園春·都市網站漫游

主頁飛虹，菜單流彩，心似雀騰。喜黃昏機動，漫遊消日：青春夢囈，在此忘情。貓頓欺生，鼠標漸熟，駕拖輕車亦捷登。鞭鳴處，看萬家燈火，星映春城。

勁聽科技長征，新令發、神舟衝浪聲。快打開窗口，做迎花氣；淨刪污染，殲滅蚊蠅。艱險排除，成功點擊，不讓幽蟲黑客行。通街網、恰爭相燦爛，鎮守文明。

蝶戀花·打工在外

莫以商城春不秀，無奈荷花，夢釀蓬香酒。舉盞酣歌聲似抖，醒來枕影留蓮垢？

異地風光何喜逗？溪映虹橋，勝似鄉街口。只爲家山來日富，離愁暫系東南柳。

賀新郎·白髮情歌

勸染咱華髮？笑牽回、青梅竹馬，黛眉桃頰。數十春秋顛簸路，親熱還欣碰磕。曾記否、異鄉殘月；沾了風霜來吻鬢，聽驪歌、夢化憐花蝶。哪管得，春嗚咽。

人生窘迫憑誰說？又嘮叨、君如奔馬，我如深轍。風雨陰晴相伴走，知沸同腔碧血；到今日、捫心猶熱。兒女高飛鴻雁遠，對情歌縱嗓三千疊。諾二世，曲毋闋！

楊興隆（1947 — ），蓮花坊樓羅市人。先後任萍鄉人民廣播電臺副臺長、萍鄉電視臺副臺長、萍鄉日報社總編輯。萍鄉市記協副主席、主任記者，江西省記協理事。編有《萍實橋邊》。

建國五十周年抒懷

建國回眸五十年，神州強大史無前。
村野新姿添錦繡，城郭舊貌換新天。
飛彈流星觀宇宙，重言再合喜團圓。
祖國終當成一統，四化功勳奏凱旋。

南京攬勝

古都白下好風光，虎踞龍蟠氣勢強。
秦淮兩岸笙歌美，孔廟三絕忠恕揚。
八豔風情傳史籍，六朝勝迹見詞章。
雨花臺上講經典，千古時空半滄桑。

徐州雜咏

登雲龍山

徐州名勝雲龍山，帝王之州美名傳。
逶迤九節松柏裏，俯仰百變晦明間。
東晉書聖遺墨寶，北宋文豪留佳篇。
登臨新台觀夜景，疑是星河落九天。

山中吟

小草

懸崖縫裏一小草，寂寞山中靜悄悄。
風吹雨打無所懼，欲與蒼松試比高。

溪水

夜行日走不辭勞，一路歡歌出澗壕。
平地青山留不住，東流入海作波濤。

山　花

大地三月陽春回，路邊花草帶露開。
最是深山幽靜處，清香沁人入心來。

游三蘇墳

中州郟城小峨山，三蘇父子瘞此間。
青山明月夜雨驟，古木愁雲啼猿連。
一代文豪垂千古，無窮佳話傳萬年。
頓首叩拜懷先哲，而今何處覓坡仙。

游風穴寺*

古剎千年風穴寺，中原勝景盡人知。
翠柏夾道迎賓客，清泉噴湧致祝辭。
鐘聲悠揚鳴萬壑，香氣飄溢滿千枝。
名山美景看不盡，遊覽歸來賦小詩。

［自注］　風穴寺位于河南汝州市

參觀任弼時紀念館

偉人雕像矗唐橋，輝映三湘洞庭嬌。
一生革命胸懷壯，終身奮鬥膽氣豪。
治黨治軍嘔心血，爲國爲民費操勞。
繼承先輩鴻鵠志，建設中華創新高。

劉　丹（1947 — ），蓮花路口廟背人。曾在國家、省、市、級報刊發表作品，主編《蓮花縣志》。

廬山領獎

1994 年夏月，中國地方志指導小組江西省志辦在廬山舉行首屆中國新編地方志優秀成果頒獎儀式，《蓮花縣志》分別榮獲三等獎，作爲主編，餘赴廬山領獎，感慨萬千……。

欣逢盛世委重任，瓦釜雷鳴當主編。
篳路藍縷創業苦，青燈黃卷伴我眠。
志稿五易成正果，青風六度人倦還。
廬山作證留青史，衆志成城譜新篇。

東莞打工周年感懷

物換星移又一年，花甲竟作南飛雁。
舊業重操續市志，新業又學編年鑒。
皓首窮經甘如飴，白髮耕耘力猶健。
曾記淺水遭蝦戲，更喜桑榆霞滿天。

蔡正雅（1948 — ），蓮花路口陽春人。系江西美協會員，中華詩詞學會會員，江西詩詞學會常務理事，中國書協會員，江西書協副主席，中國煤礦書協副主席，萍鄉市書協主席，萍鄉市國畫研究會會長。著有《正雅詩草》等，出版有《蔡正雅書畫集》、《正雅書畫》等。

春日鄉行

潤雨才停暗柳煙，恰逢三月暮春天。
舊村驚變成都市，老友乍看返少年。
金字門聯先說富，福形顏面不愁錢。
幾多兒女打工後，更辦公司不種田。

農家春居

豆蔓瓜藤未上椽，青山橫郭畫屏連。
插秧未待村雞曉，播雨先催布穀篇。
溪水搖紅桃滿岸，柳絲分綠麥籠煙。
牛羊數點歸村落，幾盞醪釀月上弦。

憶　昔

亂石崗頭憶放牛，兒歌無調不知愁。
淺灘好浴消炎夏，酸棗能食裹餓喉。
學種田邊揮大钁，結籬江畔聽斑鳩。
采蕨姑姐南山去，歸處杜鵑插滿頭。

嶗山行過鄒德忠先生

嶗山松下路，曲折向人開。
數片煙雲落，一行說笑來。
短歌銜美酒，高論滾驚雷。
聚散情一段，詩成更細裁。

經　石　峪

傳說曬經處，仍余經石存。
林深光射斗，水遠石盤根。
風化苔侵濕，字殘雲許捫。
盤桓相對久，不覺近黃昏。

讀《勸　學》

短促年華最易殘，肯將光景付虛彈？
長空鶚舉風雲遠，碧海鯨翻水浪寬。
不信百磨無利刃，但知九轉有靈丹。
一篇勸學催人奮，自補蹉跎汗不干。

抄李杜詩後

盛世無書鬧饉荒，詩抄李杜竟天忙。
驅窮敢貪書中屋，療餓賴充腹內糧。
羞向紅塵求汲汲，浪從故紙討茫茫。
些須偶有會心處，樂得忘形索酒嘗。

偶　　成

冬衣盡褪海天空，晴日高猶酣夢中。
枯硯臨窗蘇賴雨，弱枝拜地解經風。
眼前山是去年翠，面上顏非昨日紅。
碌碌一春閑過了，不堪鏡裏白頭翁。

感　秋

已醉霜林曙色中，連霞帶靄衆山空。
秋雲排鶴詩思健，瘦骨支床意氣雄。
歲月無憂貧且病，生涯何懼雨連風。
學他年少夾紅葉，敢有激情蹈海東。

黃山雨中游

大雨澆頭起，登高步履艱。
光明霧漫頂，始信雨連山。
路險怯天落，山奇鼓勁攀。
天都終在眼，海浪拍胸間。

除　夜

子夜鞭聲沖凍開，瑞雲紫氣集傳媒。
歡聲時裹春潮至，短訊頻傳祝願來。
吉語祥言情切切，佳詞儷句意恢恢。
篇篇讀罷情難已，也撰新詞次第回。

謝肖海贈氈

舊氈難勝墨，生硬伴多年。
幸有昔時友，仍憐舊雨天。
論寬堪比海，知厚勝如棉。
鋪案光盈室，詩書湧似泉。

韓敬群（1948 — ），別號琴亭翰群，碧麓白丁。蓮花琴亭鎮人。喜愛書法。參加過縣、地、省及全國書法展，作品被多處藝術院館收藏。現爲萍鄉市書法協會會員。

感　懷

處世重情理，切莫忌言行。
謹慎辦實事，誠信待他人。
省身乃悟道，敬業且樂群。
善因結善果，長生平常心。

劉桂華（1948 — ），蓮花下坊湯渡人。現任蓮花縣人民政府助理調研員。

公宴有感

山珍海味敬意濃，瓊漿玉液滿杯盅。
此起彼伏分勝負，你倒我歪各西東。
佳肴盈盤皆血汗，高朋滿座無農工。
勸君且看百姓家，天上人間兩不同。

《一半兒》曲牌

一、記某領導視察

一溜轎車排長隊，一個“公僕”車上睡，一群食客不嫌貴。到開會，一半兒清醒一半兒醉。

二、嘆某公淪爲罪犯

一事當先錢爲最，一朝掌權撈實惠，一念之差成犯罪。鐵窗淚，一半兒人樣一半兒鬼。

《四 塊 玉》

感 事

（一）

前期清，後來墮，縱覽歷朝腐敗多。抓住貪官又如何？有案不查，夠罪不捉，爲什麼？

（二）

公則對，私就錯，主持正義遭謗多。心底無私奈我何！想幹就幹，想說就說，怕什麼！

（三）

逆者走，媚得座，當今政壇過客多，名利只當浮雲過。月也有缺，日也有落，想什麼！

（四）

朝時起，暮刻臥，書中屏前趣事多，兒賢孫乖令我樂。有事也幹，有酒也喝，愁什麼！

周立榮（1949 — ），蓮花下坊升塘人。江西省、萍鄉市詩詞學會會員，蓮花縣詩詞楹聯學會理事。

寄語日本右翼派

南京衆體堆墳坑，廣島浮屍做鱷羹。
神社參禪訣戰犯，課文修改騙後生。
曾經武備到牙齒，結局降書簽臭名。
不鑒前車重覆轍，悲哀下場豈能更。

憾　別

鞭炮聲聲鑼鼓喧，千人歡笑我呤呻。
誰知今日於歸女，正是余心思慕人。

心中譚嗣同

少遇朝廷即墮傾，外侵內患不清平。
萬言仁學興華夏，百日維新革舊庭。
陷害忠臣何慘烈，可憎佞後獨蠻橫。
壁詩鮮血醒寰宇，一代英豪萬代名。

賀冰華（1951— ），蓮花良坊人。在各級報刊上發表歌詞、詩百餘首。萍鄉市音樂家協會會員。

游張家界寶峰湖

玉鏡鑲嵌群山中，峰隨水轉水繞峰。

遊人泛舟煙波裏，不覺日落月浮東。

路過竹鄉

峰回路轉如入畫，夕陽芳草伴煙霞。
停車小憩凝眸處，吹角牧童正到家。

岸　柳

嫋嫋輕飄江邊籠，一身柔弱慣迎風。
扶蘇有日婆娑舞，不與繁花競豔穠。

春　日

筍尖出石罅，芳草碧天涯。
鶯唱陌上柳，雨灑溪邊花。
叱牛耕曉月，揮鋤送晚霞。
煦煦春風裏，栽禾種豆瓜。

秋　色

暑消風自清，楓紫桂飄馨。
棉地堆白雪，稻田滾黃金。
人在畫裏醉，詩從心中吟。
秋色勝春色，無處不怡神。

鄉　村　夜

日落籠暮煙，輕風吻池蓮。

螢火亮陌上，蛙鼓敲溪邊。
清塘魚戲月，綠叢蛩聊天。
小樓燈如晝，歡笑熒屏前。

山民新居

建樓蔔地脈，依山玩物華。
屋頂可探月，門前能映霞。
幽徑連畎畝，野花繞籬笆。
多情曲溪水，日夜彈琵琶。

咏吉安古榕

江邊一古榕，四季總蘢蔥。
根盤冠如蓋，葉茂枝若龍。
屢曆冬與夏，久經雨和風。
濃蔭匝數畝，鳥啼綠煙中。

賀樹生（1953 — ），蓮花琴亭南門人。中國楹聯學會會員、江西省楹聯學會理事，萍鄉市作家協會會員、萍鄉市詩詞學會理事，蓮花縣詩詞楹聯協會副主席兼秘書長。著有詩文集《琴河流韵》。

春日雜咏
春　燕

清秋作別又逢春，舊侶歸來戀故闉。

王謝堂前無野草，唯將柳色拂征塵。

牛

肩上犁枷背著鞭，不辭勞苦只朝前。
含辛負重咽糠草，無欲無求無怨言。

雨　霽

平田漠漠雨初晴，泥土芬芳空氣新。
鴝鵒雙雙牛背憩，蝶蜂竟舞入花蔭。

咏榴花詩會

日麗風和豔九天，榴花詩會盛空前。
詞壇宿將舒壯志，詩苑奇才詠雅篇。
指點江山情未已，激揚文字意連綿。
時逢盛世開新政，老鳳新雛綻笑顏。

游鵝湖園（七律）

萍北有園可召凰，鵝湖疊翠泛崇光。
曲欄連閣生清韻，芳草臨街有餘香。
鳥語如琴天籟近，畫船聽雨錦鱗忙。
此中疑有仙家在，惹得遊人逸興長。

登金螺峰訪芸閣*

巨螺凝碧滯江邊，枉入紅塵若許年。

久慕精靈隨靚女，誠非玉石補蒼天。
紛繁市景多從俗，倡導文風敢率先。
今日登臨宜縱酒，鳥喧簾外亦陶然。

[自注] 金螺峰上有"芸閣"，借一代文宗文廷式先生字而命名，閣中詩文書畫琳琅滿目。

村　　居

世居草舍不思遷，傍水依山阡陌連。
淡飯粗茶隨日過，青燈黃卷及時眠。
閑來垂釣堪尋樂，興發揮毫藉寄玄。
何必孜孜圖利祿，桃花源裏好耕田。

連、宋訪問大陸有感（七律二首）

歲月滄桑花甲逢，陸台解凍趁東風。
胡連握手堅冰破，國共言和春意融。
力挽狂瀾擔重任，顧全大局建新功。
雄關漫道從頭越，兩岸同心架彩虹。

日麗風和春意闌，楚瑜登陸故鄉還。
親民愛國無先後，存異求同補短長。
擴展胸襟能跑馬，放開肚量可行船。
民族利益誠爲重，台海和平百姓歡。

革命搖籃井岡山（七律）

湘贛邊陲一井岡，風雲際會虎龍蟠。
秋收起義錘鐮舉，星火燎原馬列傳。
紅米南瓜熬歲月，長矛土銃打江山。
丹心碧血凝青史，革命搖籃世代瞻。

滿　江　紅

抗 日 戰 争

怒火中燒，賊倭寇、天良泯滅。蹄踐處、庶民塗炭，哀鴻啼咽。卅萬同胞蒙刈戮，幾多財富遭焚劫。不忍看、殘暴絕人寰，情悲切。

亡國恥，當洗雪，奴役恨，難消渫。念八年抗戰，艱苦卓絕。處處青山湮白骨，茵茵草地凝鮮血。重奮起、光復我中華，千秋業。

賀蓮緣（1954 —　），蓮花坪裏人。從教八載，愛好甚廣。

送女兒返南昌求學

不畏艱辛不畏難，學無止境力登攀。
今送我兒返校去，展望如期凱歌還。

夜觀濱河公園

灣灣琴水伴梁津，火樹銀花不夜城。
笑語歡歌春若醉，園中樂煞暢遊人。

李良才（1956 — ），蓮花坪裏江上人。參與編輯《蓮花縣志》（1989 年版）。中國楹聯學會會員、江西省楹聯學會理事、萍鄉市詩詞學會理事、蓮花縣楹聯協會主席。

咏　雪

情癡臘月敞心扉，玉樹瓊花處處飛；
雞犬樂描梅竹畫，頑童嬉戲不思歸。

319 國道通車典禮感賦

國道通車喜慶多，青山綠水伴吟哦；
三年苦戰愚公志，萬衆團結頑石挪；
舊路曲彎成廢徑，新途平坦不嵯峨；
春風穿過愁猿嶺，喇叭聲聲奏凱歌。

重陽感懷

九月金花分外妍，重陽國慶緊相連；
吟詩賞菊寄雅興，飲酒填詞懷古賢；
四海齊歌大有日，五洲共度太平年；
丹青同繪小康景，開拓創新志越堅。

癸未清明登玉壺山謁甘祖昌墓

清明時節霧濛濛，又上壺山祭碩翁；
壯歲擎旗曾伏虎，晚年荷鋤再降龍；
丹心偉績功垂宇，青史高名氣貫虹；
一縷忠魂依故土，春風浩浩慰英雄。

賀萍鄉詩詞學會成立十五周年

五月榴花火樣紅，萍城結社喜相逢，
無邊雅興詩千首，濟濟一堂雅趣濃。

農 村 新 景

（一）

農舍炊煙不再現，高樓電器頗周全；
老弱婦童照看家，青年赴粵掙大錢。

（二）

群鵝引頸塘中怒，吵醒佳人粉嘴嘟，
鐵牛隆隆犁田去，朝霞描繪桃園圖。

金道華（1958 — ），蓮花下坊人。系中華詩詞學會會員、江西詩詞學會常務理事、萍鄉詩詞學會副會長。著有詩詞集《踏青吟》、《沈醉集》等。

相　思

別鶴孤鸞失伴飛，是情斯意實堪悲。
心照不宣知肺腑，閉關卻掃見畫眉。
不分彼此同把盞，唇齒相依共舉卮。
赤子之情有寸草，茶餘飯後倍相思。

贈花卿

玉潔冰清麗無暇，玲瓏剔透放光華。
眉如初月眉欺月，頰似蓮花頰勝花。
一對碧桃迷彩鳳，兩瓣紅杏沐朝霞。
秋波頻送融融意，相見恨遲過天涯。

适逢癸未新春，内子35岁生日纪念

是非經過不知難，責任承肩未下鞍。
年歲有涯滄桑浸，穹廬無際漢河觀。
升遷進退侵身透，得失榮枯聒耳繁。
習習風吹雲霧散，幾多感概幾悲歡。

二

春光和煦蕩襟懷，放眼桃花次第開。
剔透人生滋味品，紛紜世事物華催。
相夫育女言甘苦，離合悲傷說樂哀。
日出江天紅爛漫，山山排噠送青來。

胡耀邦誕辰 90 周年

江河飲馬溥軒轅，壯歲旌旗盛譽存。
鋼鐵健兒匡社稷，黎民鬥士挽乾坤。
糾偏平反渾錮痼，扶正清源更洗冤。
無畏無私無地鑒，鞠躬盡瘁舉寰尊。

二

少年大器出瀏陽，刀舞戈橫鬥志昂。
拯救黎元馳北塞，匡扶正道騁南疆。
箴規盡破謀時利，天戒宏開濟世昌。
實踐準繩真理在，恤民憂國碩功揚。

西江月・驚世冤案

1994 年 1 月 20 日，湖北京山縣雁門口鎮何場村餘祥林之妻張在玉失踪，4 月 11 日在村頭一水塘見一女尸。公安機關認定系餘所殺之張尸。1998 年 3 月 31 日餘被判刑 15 年。2004 年 3 月 28 日餘妻歸家。

當代文明社會，野蠻蒙昧時期。死人復活實離奇，血案冤魂叠起。

法律唯存逼供，世情多有蹺蹊。酷刑屈打助淫威，頗具一番新意。

如夢令·佛祖難保

2004年2月15日下午2時，浙江海寧市黃灣鎮五豐村村民在一草棚中拜佛。火起，念經的60餘人中，死41人，傷3人，平均年齡72歲，最大82歲，最小41歲，均女性。

底事空虛不已，拜佛念經托寄。身老賴伊誰？黃道沈沈如水。如水，如水。夢幻人生休矣！

遼寧孫家灣礦難

2005年2月14日遼寧阜新孫家灣煤礦海洲立井發生特大瓦斯爆炸事故，搜救工作至2月21日23:55時結束，214名礦工遇難，30名受傷。

①南 鄉 子（單調）

死活無常，聽天由命任滄桑。畢竟明知山有虎，承受，化土身軀何所有！

②荷 葉 杯

鬱鬱昊天寒徹，魔窟，骨成山。斷魂塵土去何忍？驚問，幾時還？

賀瑞華（1959 — ），蓮花良坊高丘人。萍鄉詩詞學會會員，蓮花楹聯學會會員。

九九重陽老人節

誰憐芳草碧，我愛夕陽紅。
重九登高處，桑榆映碩翁。

練　字

鐵畫銀鉤練欲精，縱橫滿紙柳歐風。
欲尋捷徑無奇訣，日日臨池啓性靈。

陳移新（1961 —　），筆名易新，號棋盤山人。蓮花神泉陳坊人。1979 年開始先後在《江西日報》、《星火》、《萍鄉日報》等報刊發表詩文 200 餘首（篇）。參與編輯《蓮花縣志》（1989 年版）。爲吉安地區文聯會員，萍鄉市作家協會會員、萍鄉市詩詞學會理事，蓮花縣文聯副主席、蓮花縣文學工作者協會主席。

與文杰君惜別

1988 年 4 月在蘇州大學參加全國地方志研討班學習，認識來自甘肅文縣的劉文杰君，文杰君豪爽，與之一見，趣味相投，游覽姑蘇，形影不離，飲茶賞花，樂得其所。惜別依依，互贈唱酬。

櫻花豔豔戀新知，春暮季節話別時。
曾上虎丘觀月色，又登靈穀說西施。
一雙書癖與茶癖，兩個花癡並墨癡。
汽笛一聲天地遠，白雲片片寄相思。

偕黄先生登金山寺

黄先生，福建莆田人氏，同在蘇州大學全國地方志研討班學習，與先生中途到揚州游玩，登金山寺，遂賦此詩。

金山寺在金山中，雄鎮江南第一峰。
一上浮屠鐘鼓遠，長纏佛殿霧煙濃。
長江萬里滔滔浪，短棹千帆靡靡風。
法海白蛇俱不在，猶留褒貶古今同。

擬重游縣志辦故址

聲聲笑語已無聞，昔日風光不復存。
最愛梁間舊燕子，呢喃縣誌三修珍。

劉秋田（1963 — ），蓮花湖上樊家人。大專文化。1984年發表處女作詩歌《跋涉》，後有小説、散文、詩詞等發表，現爲萍鄉市詩詞學會會員，縣文協會員。

宴客望玉壺山

廳上輕斟美老酒，門前橫臥是壺山。
開懷暢飲酩酊醉，聊伴八仙共偷閑。

春　日

零星油菜染蒼茵，三兩兒童采紫英。
農婦育秧畦上蓋，鐵牛翻地水中行。

家鄉一絶

吾村户户有人掌握人工孵鴨技術，族人常年外出异鄉開辦孵鴨賣鴨店，堪稱一絶，以詩咏之。

湖廣兩江留逸聞，育雛奇技令神驚。
山村遠播家鄉好，抱店師承祖輩名。
妙手催生千鴨唱，鐵肩送貨衆人迎。
同奔致富小康路，地北天南任我行。

觀青蛙

瞪眼心有意，鼓腮氣未閑。
深淵誰敢下，覓食亦維艱。

重陽老人節

童心未泯勝當年，豪氣猶存到至今。
兩鬢秋霜安懈怠，桑榆夕照映丹心。

元宵感懷

臘柏成灰香氣漫，殘燈猶炬火星歡。[1]
哀今才悟追名利，喜色於懷保治安。[2]
愛恨有緣心化海，人生無悔路逢灘。
笑談多少世間事，黃土一抔蓋巨瀾。

［自注］①吾地民間元宵夜有燒春節前折下的柏葉和點燈燭的習俗。

②治安：太平的意思。

咏 電 腦

桌面初開點菜單，清香色味俱斑斕。
瀏覽視窗鄰居羨，驅動灰貓黑客歎。
鎖定目標溫可控，回收產品秀能餐。
神功科技力無比，世界未來更壯觀。

感 時 二 題

釣魚本是中華島， 豈讓右倭兇焰囂。
擊楫英豪懷義勇， 旗飄氣壯入雲霄。

形似豆莢是本家[1]，臺灣根系屬中華。
和平定遂炎黃願， 一統江山萬古誇。

[自注] ①豆莢：喻指我國臺灣省的版圖形狀。

喜讀《反分裂國家法》(新聲韵)

京城三月群賢慶，兩會相商國事明。
字字珠璣含厚意，條條血脈向和平。
一國大政原則定，兩制方針辦法靈。
企盼同胞雙手握，存留青史後人評。

朱夢瑕（1967 — ），蓮花湖上南村人。蓮花中學教師

重陽抒懷

少年乘長風，破浪萬里雄。
文章淩雲志，行坐矯青松。
日暮崦嵫近，生活尙從容。
老有所作爲，未敢稱衰翁。
運動強體魄，詩書增內功。
弦歌傳精神，舞袖淩碧空。
身老心猶健，餘熱獻關工。
汗血澆桃李，百花滿園中。
莫道桑榆晚，壯懷猶在衷。
又到重陽日，一曲夕陽紅。

李冰嬌（1969 — ），蓮花閃石渭下人。萍鄉詩詞學會會員，蓮花縣文協會員。

散步壘裏衝

公路彎彎樹蔥蘢，群山環繞壘裏沖。
月照溪流氣清爽，悠悠閑步逗晚風。

新詩

郭龍桂（1919 — 1993），蓮花下坊留天人。中國民間文藝家協會會員、江西作家協會會員、江西民間文藝家協會副主席。20 世紀 50—60 年代是國內有名的歌手，曾享譽全國。在《人民文學》、《詩刊》、《江西日報》等報刊發表山歌 300 餘首。其中《毛主席光輝永遠亮》被電影《護士日記》選作插曲歌詞，分別爲前蘇聯、朝鮮、印度、阿爾巴亞等國家報刊雜志轉載。參加了全國第三次文代會，與其他老詩人一起受到毛澤東、朱德、周恩來等國家領導人的接見。江西人民出版社版了山歌集《毛澤東光輝永遠亮》，與省外一山歌手合作出版了山歌集《歌唱新農村》。

扯早秧

公雞叫，天沒亮，
公社田野鬧嚷嚷，
青蛙咕咕忙打鼓，
嫦娥空中挂燈光。

蟲子嗡嗡哼小調，
田水嘩嘩來幫腔，
公社春插任務緊，
婦女唱歌扯早秧。

我駕鐵牛飛步走

嘟嘟嘟，
嘟嘟嘟，

我駕鐵牛飛步走，
鐵蹄踏得浪花濺，
飛耙輾得泥土稠。

鐵牛性子躁，
口吐煙雲霧，
長征路上打勝仗，
誓爲農業奪豐收。

嘟嘟嘟，
嘟嘟嘟，
我的鐵牛好歌喉，
春唱大地鋪綠毯，
夏唱田野堆金丘。

秋唱谷滿倉，
冬唱慶豐收，
一年四季唱不停，
唱得“四化”遍神州。

愛情山歌八首

（一）

一把鋼鉗兩塊材，就象阿哥戀阿妹，

情投意合心連心，刀砍斧劈不分開。

（二）

情哥深夜放水忙，妹跟情哥打個伴，
一來夜靜好談心，二與情哥長膽量。

（三）

哥打瓜棚妹種瓜，瓜藤長了牽滿架；
那時棚下好躲蔭，臉對臉談知心話。

（四）

妹子實想把哥戀，幾次話到嘴邊沿；
話未出口心打鼓，兩面如火燒山巔。

（五）

翠柏樹上叫咕咕，哥似翠柏妹似鳩，
斑鳩愛棲翠柏樹，石礅打來也不走。

（六）

芙蓉花豔牡丹香，妹子英雄哥好漢；
長征路上來賽跑，奪取四化結成雙。

（七）

春風吹來竹發筍，哥妹上山去造林；

哥哥挖眼妹栽樹，情絲織綠萬山嶺。

（八）

松樹心來杉樹心，情哥不親哪個親，
昨天夜裏做個夢，還與情哥在談心。

賀志堅（1926 — ），蓮花良坊人。旅居臺灣。

江南春

濃雲被疾電驟雷撕裂震落
陽光便一縷縷地篩下來了
小陽春以纖細的手　爲百卉蛻下繈褓
春江的魚兒虹飛　有如新月浮沈綠波
氤氳中有輕盈柔軟的步履
　　響自山岡、樹梢、平野、田園……
由是、田蛙鼓噪、鳥鳴嚶嚶　　以及
草青花紅；大地一片如錦
是誰將瑰麗的文章　　揮寫在粼粼水面
鵝鴨不識之無　卻頷首船步呱呱哦吟
絲絲細雨過後　　小螞蟻從菌子傘下出來
折一截柳枝爲槳，花瓣兒當作畫舫輕搖
蜂蝶以原始的語言探詢梅枝花訊
明年雪花飄時再來擷取純潔芳馨。

山　海　篇

（一）山

我堅定　我不移

我是山

不擇壤土　　岩石

不揀樹木　　花草

我是典型的開放社會的塑造者

我願　包容一切，共生而互榮

被拓荒者　追逐的動植物們

請遷來住吧！毋須提出申請

這裏不分穠、纖、高、矮

陽光、甘露與養分同沾

我是生命的母親。

（二）海

我永恒　　我不涸

我是海

不捐細雨　　涓滴

不拒清水　　濁流

我是莊子哲學的實踐者

天生曠達　視美醜如一

只要你欣然地投入

時間即能潛化成一片冰心

深宮中有千古常新的神話
聽老龍王龍母鶼鰈不休的戀情
我是好客的，歡迎你住下

秋　聲　賦

那嘹亮的蟬鳴
化作曳長的清風，遠颺
草葉上點不燃螢火
樹林間挂滿了溪聲

是它，在我的屋檐下
隱然安放了一張鳴琴
隔著窗兒
淅淅　　瀟瀟　　瀝瀝　　颯颯

挺胸仗劍的舞者，高歌離騷
從山岡綿綿浪奔至江邊
擎舉起那管白絨絨的狼毫　　如椽
飄飄隨風爲天下墨客　招領詩魂

方驚異于紅葉飄然來自天際
卻也聞鴻雁在雲中傳來叮嚀
幾番風雨過後
鐵定紫宅藍嫣，大地春回

蛹 之 變

母親以絲囊　懸我
生命於草木　　壁間
采野花的小女孩說：
“我是殭死的毛蟲，討厭！”
當綠色的和風，輕……輕地吹過
我破蛹而出：
竟是她夢寐以求的
美麗多采的蝴蝶　　更是
會飛的花朵啊！

水 手 之 歌

(一)朝暾絢麗

腳印深烙在港灣，將身投擲于碧波浩瀚
用雙手把姓名寫在水面，融入渺茫和深淵
然後了無牽挂的仰首長天，引吭高歌
黎明爲歌聲點亮；大海的的深沈被震響
寫在水面的姓名，更加絢麗和瀲灩了。
是生命的騰躍，是理想的實踐、生活的開拓

反正姓名已然融入水中，是幻是實是虛抑是幽冥
再不用編織人生苦澀與甘甜；悲愁與喜悅
生命是海、海是一切；唯一的愛是向前航行

此時若像屈原那樣："問天問地"；問個沒了
海浪、波濤、礁石、暗沙……都會覺得您討厭
要有"雖九死其猶未悔"那種精神和決心

（二）昊昊陽午

日正當中，人天距離最近；是天與海交心的時刻
被朝陽拉長了的身影，壓縮回到了船的甲板上
海鷗繞桅低飛："舉手敬禮"並高喊："我的朋友"
捧一簇濺上船舷的浪花，含笑問它魅力何在
浪花不語；匆匆從手的隙縫間，溜回了大海
熱情依舊、深愛依舊、幻想依舊、夢亦依然

緊靠著船舷遠視，波濤疊湧，浪峰翻滾
前浪奮力竄起，後浪立刻將之一一超越、覆蓋……
一波又一波不舍晝夜淹滅覆蓋，覆蓋淹沒……
那千波之上，有陣陣的黑風　狂嘯
那萬浪之間，有洪洪的怒潮　雷鳴
海之上有巔波的水手；海之下魚類是否安然

（三）夜幕深垂

當暗夜籠罩住大海，水手們的心更凝定
守望著海，守望著波濤，守望著上下閃爍的星月
海水總是喋喋不休；星月卻是永恒的沈默

寂寞的水手打著在濤聲中，連自己也聽不到的口哨
從船頭投射在海面的燈光，剛爲他帶來一絲溫暖
今夜更深露重，從帽沿飛落的水滴化作心底寒涼
遙遠的燈塔、星星和月亮；是安頓水手們心靈的指標
一顆流星隕落的淒美，欲正增加心頭的憂愁與寂寞
雨，會遭來怨懟；晴天裏的一朵雲，則會贏得雀躍
回到港灣，就像回到陶淵明的桃花源；安適舒恬
歷經危疑震盪，驚濤駭浪；歸來就是“喜訊”
什麼都不要。只問陶潛——無懷氏、葛天氏的國何在

南京燕子磯

江流千載
過盡千帆
歲歲年年　懸挂削壁千仞之上
張翅若飛　未曾移雷池半步。[1]

江流隨風
千帆逐波
是江中後浪推前浪的啓示
是人間新人換舊人的迷惑

您耐心等待　千帆中的一艘
卻另有人　從不去“想一想”……[2]
就從漁張開的雙翅間

縱身躍進了　浩渺的狂瀾

千載江流
千帆過盡
巨石默然懸挂依舊
巨燕張翅若飛如昔

[自注] ①雷池：本指雷水，晉庾亮報溫嶠書"足下無過雷池一步"後引申爲：禁止他人前進之詞。

②想一想：爲當時南京市長陸氏爲防患游人自殺，而用硃紅在石磯上刻下："想一想；死不得"六字。

門　前　嶺

別以遙遠　丈量歲月
莫用遼闊　形容路程
別將分合　象徵聚散
莫讓間融　當作距離
東岸山下田園屋宇　仍迎目寓心
皇璨禹厚宗廟之美　猶親切昂然

哦！樅山，我親愛的門前嶺
記憶中，你和我之間
不也隔了一道瀲灩的小江
早晚趕牛群揭衣涉水潺潺

只爲牛兒奔赴您豐盈的筵席
立高岡揮輕霧召來微風吹衣
用書聲迎旭日以山歌送斜陽

痛悼老樹害於鋸斧怵目驚心
時生感歎撫殘枝而閉目追懷舊風景
朝朝暮暮心孕田田的顧盼
顧盼　朝暉夕陽風水輪回
門前嶺上萬樹森森迎風成林

托明月帶回長長的戀，濃濃的相思
待揚帆歸來之日
召昔年放牛夥伴　自大祠前
扶杖過拱橋；從石灰窑迤邐至山巔
看風搖樹梢　聽高樹鳴蟬
看羊奔兔躍　聽百鳥啁啾
顧千山萬嶺　萬嶺千山
無限綠樹蒼蒼莽莽奔赴而來

兩 封 信

（一）致雙親

我要寫一封信　給
我的雙親

用天樣大的雲　作紙
以一行行清亮的雨點　爲詞
滿信封
裝不完的　乃我
日日夜夜　夜夜日日
思念　我
父　暨我
先母的　千言萬語

（二）致國家

我要寫一封信　給
我的國家
用滿天的星斗　爲詞
以璀燦的日月　爲標題，曰：
‘中國’。請照亮
我戰鬥的劍　和筆
爲中華的神聖與至尊
您啊！是光輝的民族
我乃強者的優秀子孫。

焚寄吾母

來不及等我長大
您……走了！

小手掩著臉
一路抽噎；

橫渡了黃河、長江
進出過太平洋
浪峰撲濺了滿身
衣衫濕透了又干了

就是抹不下
眼角邊　那兩行
潸潸的清淚

一想到您　要我
把一小袋一小袋白米
背著父親
送給苦命的外婆

一想到你
從懷中把那一塊小甜餅
塞在我嘴邊或手中
我的淚，更多

爲盡人子的一點心意
每年中元節

姐！我辜負你了
天涯海角　九轉回腸
爲想表達這份心意
遍翻四書六藝 諸子百家
也尋見不到適當的詞

[自記] 由于離家日久，思親心切，特于 1980 年 10 月托友人轉寄一信回大陸 1981 年 2 月接獲家書，得悉我森娥大姐因思念我，日夜哭泣，流泪過多，而至“雙目失明”，風雨萬里，未能親捧湯藥，爲吾姐治療眼疾，輾轉難安，在萬分難過下寫成此詩，并在師範大學第一大樓二樓走廊上，含泪向天朗誦 意謂吾姐，雖目不得見，亦能臨風聞我之聲也 寫在 1981 年臺灣師大。

街　景

是平鋪的、雕刻的
　　　　　　棋盤
是張挂的、精結的
　　　　　　魚網
是頑童疊起的火柴
　　　　　　盒子
從那地底砌向天宇
任憑 仰觀　透視　俯瞰
如蜂巢、如迷宮、如蟻窠
人　當作快樂的鴿子豢養
街燈　是成熟透頂的葡萄

串串、累累

整齊的

參差的

弧形的

散花般的　　在

夜空中　閃爍

炫耀。　用光澤誘人

路　是條條發光的河

人　乃波浪

車　是流水　那

紅的

黃的

白色的

金色的

流線、魚貫，襯以多樣

沈落、浮游，川梭之姿

曳留下

彎彎、曲曲

重重、疊疊的

蹤和影

甘炳文 （1933 — ），蓮花坊樓人

老年大學圓夢

不爲文憑，不爲學歷，
只爲陶冶情操，
想圓大學夢。

不爲提職，不爲升級，
只爲增長知識，
盼圓大學夢。

不爲成名，不爲謀利，
只爲學好保健，
望圓大學夢。

一種享受，一份快樂，
到老年大學去，學聲樂，學舞蹈，
正圓大學夢。

“六有”政策，光彩照人，
老年大學，應運而生，
能圓大學夢。

一種意境，一份情趣，

到老年大學去，學書法、學繪畫，
在圓大學夢。

一種嚮往，一份期盼，
到老年大學去，學中文、學英文，
喜圓大學夢。

有拿望遠鏡的，有柱拐杖的，有坐輪椅的，……
攜手走進這銀色課堂，學知識，結友誼，
圓了大學夢！

[自注]　"六有"政策，即老有所醫，老有所學，老有所教，老有所樂，老有所爲

李秋菊（1934 —　），蓮花琴亭人。曾在省、市、報刊發表詩歌、散文。

革新迷

明月當空星閃光，三更半夜起了床；
我爲農機搞革新，哪等雄雞報天亮。

春　耕

草上露珠閃閃亮，滿壟鐵牛轟轟響；
震落晨空滿天星，驚醒東山紅太陽。

站　崗

人民戰士緊握槍，百倍警惕守邊防；
餐風飲露忙巡邏。迎來旭日照邊疆。

創“三　好”

枝頭陽雀夢正香， 校園攻關號角響；
你追我趕創“三好”，滿園桃李競芬芳。

賀一清（1935 —　），蓮花琴亭人。曾在縣劇團、縣政協文史辦、縣老年體協工作，現已退休。有作品發表于《井岡山報》、《星火》等報刊。其《我願變衹多情鳥》和《東風歌》被選入郭沫若、周揚主編的《紅旗歌謠》。

我願變衹多情鳥

辮兒跳動臉緋紅，
百斤擔子快如風。
我願變只多情鳥，
隨風飛到妹家中。

東　風　歌

天上紅雲擠白雲，
地上東風壓西風。
資本主義寒冬到，
社會主義滿堂紅。

周榮新（1936 — ），蓮花下坊升塘人。

歷史的訴說

——（香港回歸前夕）

怎麼也睡不著，
夜深、人靜、星河……
秒針的顫響，
回歸的腳步，
歷史的訴說：
洋人、洋煙、洋槍
把骨肉同胞分割；
《南京條約》、《北京條約》
頁頁灸心燙手不能觸摸。
硝煙、血淚、屈辱……
留下數不盡的罪惡！
同胞兄弟姐妹，
在"米"字旗下煎熬生活。

從虎門炮聲，
到"三元里"壯歌，
百萬同胞同仇敵愾血與火！
月轉星移，潮起潮落，
龍的子孫用汗水、鮮血、生命，
把東方明珠悉心雕琢：

金融中心、商貿中心……
結下累累碩果。
高樓林立，水藍、樹綠、花香……
多彩、多姿、婀娜。

歷史車輪滾進了新的驛站，
誕生了中華人民共和國！
毛澤東宣告：
“在適當的時候收回香港”
鄧小平斬釘截鐵：
“主權不能談判”。
象驚雷四炸，
震撼著世界每個角落。
“聯合聲明”、“基本法”、“行政長官”
“臨立會”進軍香港……
回歸的進程象滔滔長江滾滾黃河。
“權治分離”、“政改方案”……
只能是江河中的小漩流沫。
無濟於事，無可奈何。
香港歸我，主權屬我，治權隨我！
璀璨的明珠，閃爍在古老而年輕的中國。

醒鈴的鬧聲，截斷了我的思索。
打開桌燈，留下些微筆墨。

我仿佛聽見“七·一”零點的鐘聲，
回歸的腳步伴著喜淚滴落。
我仿佛聞到紫荆花的芬芳，
聽到歷史還在訴說。

黨的生日，香港回歸，
這不是歷史的巧合。
是黨翻過了這恥辱的一頁，
是一國兩制開創了世界的先河。

嚴國强（1942— ），蓮花高洲人。萍鄉中學高級教師。

教師節晨感

（一）

醒來了，
從香甜的夢中，
首次聽到第一聲搖籃歌。
希望、熱情、力量……
象春潮中澎湃的銀漢仙河。

（二）

告別了，
被壓抑的情懷，

一向是白眼和屈辱。
拭干了悲酸的淚水，
迎來一團熱烈的火。

（三）

整裝了，
揚起了改革之風帆，
甩掉了因襲的思想包袱。
試想那廣漠的宇際，
一定有我們的人在開拓。

老　喜（1946 —　），蓮花閃石渭溪人。

蓼花與落葉

天，
漸漸涼了。
闊葉樹，
抵不住秋風的侵襲，
嘩拉拉
將片片樹葉拋淨。
“你砸傷我的花瓣……”
樹下的蓼花不由滿腔怒氣。
落葉反唇相譏：
“什麼？

不是我的庇護
能有現在的你？！”

蓼花無語
只低頭埋怨自己：
“天生位卑言輕，
砸就砸吧，
恨又何必！
品格不在位高位低，
堅持才是正理！”

秋更深了，
樹光禿禿漸漸冬眠。
蓼花更顯生機：
小白花朵朵綻放，
晶瑩透剔。

“抱緊我吧”，
大地母親說：
“只要不放棄目標，
堅韌不拔
你就會不斷發展
不斷勝利，
不斷繁衍生息！”

賀中軒（1946 — ），蓮花琴亭斜田人。

那條小路那口井

那條小路，通向那口古井
鵝卵石拼成彎彎曲曲的小徑
那口古井，黑洞洞的一隻眼睛
望著你我，望著月虧月盈
我們幾曾應允轆轤與井繩
吊不上水中月也要吊上咱憧憬

那口古井，通向那間草棚
十米石徑，錯縈了十年的癡情
那時咱太年輕
不懂得什麼叫愛
回頭呼喚，喚不回
花落水流兩紛紛

戰勝自己

好馬不戀槽
好車不離轍
好船有好舵
戰勝自己才灑脫
好花經風雨
好玉經琢磨

好鋼淬過火
戰勝自己是強者

前面山疊山
後面河接河
山行要拐彎
過河不倒轍
心中有事掂掇又掂掇
腳下無路大膽去開拓

跌倒了不怕
爬起來又活
戰勝了自己
好漢能拼搏
摔摔打打才可成鐵塔
鋼筋鐵骨才能擎巍峨

段初發（1946 — ），蓮花三板橋人。1966年畢業于江西師大英語文學系。中學特級教師。江西省文藝評論家協會會員；萍鄉市作家協會會員。著有詩歌、小說、翻譯、評論40多篇，計20多萬字。

走出遮蔽

陽光下　人自然是明亮的

因爲他高出了身後的影子
他的四肢並不模糊　心透亮
影子的迷蒙不管用　他的語言
照樣清晰　思維像玻璃那樣

一場大霧　並不說明什麼
汽車的眼睛瞪大一點便行
那個天空大的布袋能包籠什麼
視線　柳條那樣隨意向東向西
公路上亮點打敗暗點　也許是
　月亮並不參與的一次搏擊

烏雲儘管布下了局
掙脫的光線仍凱旋落向四周
雲的外圍鑲上了金邊　多美呵
因爲　亮晶晶的雨滴趁早分娩了
就像溫馨的語彙落滿山野
不過　羽毛沒有被黑沈沈的雲塊
　壓彎　飛翔得更有姿態

大河讓濁浪形成了陣勢
一堵岸　一棵樹　一隻鷗
似乎被渾渾噩噩所遮掩
然而　岸堅樹高鷗翔

　卻展示一種生機的美麗
我想　神賜萬物會逃離濁浪的語言

暴力夠淫威了
一次洪水攪亂了江河的情緒
紅日正義地射出火箭
暖風抑楊頓挫地與狂飆對話
修長的樹枝　撫平了風與水
小草不再柔弱　有膽識有豪氣地
　簇擁風中雨中昂首的山峰

我進入弦外之音

我有血有肉地活在我的身體
除了物質的江山還有我另外的疆域
比如　綠色詩句長滿的高山曠野

我不希望語言有封疆的界線
那些青枝綠葉的意象最外層
那些花前月下的意象幽深處
我耽迷於魂舞神韻　迷宮詭譎

時間　它想一手遮天美夢成真
可恨它幾曾暗晦歷史的隧洞

但蚯蚓照樣伸屈向前　螞蟻慎重運物
如果指認我也是一種小小生機
我定會飛翔　甚至飛越時間之巔
飛向弦上黃鶯之語　那兒的
　美學旨趣昇華多姿的雲彩

存在　一塊風雨不動搖的巨石
繞過了多少回暫時　才出現
　驚人的美麗永恒
只要喚醒巨石的詩魂　我會
醉入空納萬境的玄幽

當時間埋設大地　語言深藏靜水
我的詩骨會沈沈墜入憚境

劉　丹（1947 — ），蓮花路口廟背人。曾在國家、省、市級報刊發表作品，主編《蓮花縣志》（1989 年版）。

鄉郵員

腳踏雲徑山路，
肩挎綠色郵袋，
櫛風沐雨十萬里，
跋山涉水大步邁，
井岡鄉郵員，

英姿颯爽好氣派！

看盡春花秋菊，
走遍村村寨寨，
象鴻雁展翅傳佳音，
像布穀舒喉播春來；

黑非洲捷報頻傳，
地中海怒濤澎湃，
大寨稻香遍神州，
巨輪遠航披異彩……
天南海北的喜訊，
都從你手上撒開，
你給青年隊捎來黃浦江的問候，
你給敬老院帶來毛主席的關懷。
一條紅線通萬家，
萬包郵件連四海，
山裏山外的群衆，
都誇你踏遍青山春常在。

春常在，
色不改，
紅包郵路放光彩。
這郵路是毛主席親自開拓，

無數份殺敵情報曾從這裏傳開，
多少交通員爲了保守黨的秘密，
怒向敵屠刀，熱血灑山崖。

先烈的熱血澆灌杜鵑滿山開，
紅軍的情報化作紅旗迎風擺，
繼往開創新業，
郵路上又走來了新一代，
濃霧陰霾眼不迷，
狂風暴雨腳不歪。

黃洋界殺聲鼓角壯行色，
迎朝陽，一路戰歌多豪邁：
“別說山道險又陡，
井岡郵路通天涯，別看麻袋小又輕，
它裝下了五湖和四海”。

彭霖山（1947 — ），蓮花琴亭南門村人。中國民間文藝家協會會員、江西省作家協會會員、萍鄉市詩詞學會常務理事、蓮花縣文聯專職副主席。在全國 60 餘家報刊、出版社發表和出版文學作品逾 300 多萬字。出書 10 本。

老油匠

一身油污，

滿頭白髮，
老油匠啊，
你小小年紀就把油榨。

記得當初進油房，
你肺都快氣炸，
爲什麼滿山茶籽窮人摘，
香噴噴茶油山主霸？
爲什麼東家屋裏油成河，
窮哥們鍋裏沒油花？
可那個昏天黑地鬼世道，
哪有窮人說的話？

老油匠啊，
當年那沉重的槌聲，
槌槌砸在你的心上，
油槽裏流出來的茶油，
是你的骨髓血漿。
槌聲中，打得你面黃肌瘦，
油房裏，把你的青春埋葬。

如今啊，
滿山茶籽你自己摘，
滴滴茶油潤心房，

你手握大槌放聲唱啊，
青春煥發鬥志昂。

聽，
當——叭！
那鏗鏘的槌聲，
聲聲似春雷炸響。
金線流不斷啊，
茶油湧大江，
願全世界的階級兄弟，
一齊來品嘗。

楊興隆（1947 — ），蓮花坊樓羅市人。

山　林　曲

——獻給一位故去的森林老人

你走了，
離開了同你相依爲命的樹木；
你去了，
永別了與你朝夕相處的山林。
你一輩子種了多少樹，
人們說不准；
你一輩子造了多少林，
人們數不清。

有人說，
你是一位畫家，
在那荒蕪的禿丘上，
畫出了一片片蔥蘢的綠色；
有人說，
你是一名樂手，
在那寂寞的山谷裏，
演奏著一曲曲綠色的樂章。

有人說，
你是一位詩人，
你栽下了一片片成行成排的小樹，
就是你用汗水寫成的綠色的詩行；
有人說，
你是一位母親，
你培育的一株株嬌小稚嫩的幼苗，
就是你用心血哺育的綠色的“千斤”。

你不是畫家，
卻有著
比畫家更能描繪的畫筆；
你不是樂手，
卻有著

比樂手更爲熾熱的激情。

你不是詩人，
卻有著
比詩人更爲精彩的詩句；
你不是母親，
卻有著
比母親更爲深厚的愛心。

這裏的
每一片綠葉，
都注入了你澀味的汗水；
這裏的
每一棵樹身，
都留下了你撫摸的手印。

這裏的，
每一寸土地，
都印上了你烙血的足迹；
這裏的
每一聲林濤，
都灌滿了你滿腔的熱情，

誰說你

生活寒苦沒有遺產？
那一山山綠林，
就是你的財富；
誰說你
孤身一人沒有子嗣？
那一棵棵樹木，
就是你的後裔。

你走了，
不曾有人
在你的靈前唱一曲挽歌，
那一陣陣林濤，
一聲聲鳥鳴，
就是對你最高的讚美！

你去了，
不曾有人
在你的墳頭立一塊墓碑，
那一座座青山，
一片片樹林，
就是爲你樹立的最大的豐碑！

金中賢（1949 —　），蓮花琴水金家人。曾任縣委辦公室主任，縣法院常務副院長。

自題小像

別看我滿頭白髮蒼蒼，
而今依然身板硬朗。
都說遇上了好的光景，
撫今追昔禁不住熱淚盈眶。

別看我模樣飽經風霜，
刀刻般的皺紋昭示著征途的辛酸。
過去的就讓它過去吧，
以坦然的心境向前看。

我的形象並不偉岸，
一輩子不失赤子衷腸。
時代要求我們與之俱進。
生命不息就要盡情歌唱。

我笑對人情冷暖、世態炎涼，
欣慰的是此生無憾。
人生旅途沒有逗留的驛站，
黃昏雖近亦將昂然向上。

周立榮 (1949 —)，蓮花下坊人。

清潔工人之歌

晨風中走，
晚霞裏行，
起早貪黑忙不停。
推車接走千家髒，
揮帚清掃十里塵。
深巷汙物消除盡，
鬧市垃圾打掃清。
爲人民服務不辭勞，
城市少不了咱這班兵。

夏熱中走，
冬寒裏行，
一年四季忙不停。
汗水灑遍十里街，
一身髒換萬人清。
志做街道化裝師，
巧手裝點好環境。
爲群衆生活勤操勞，
城市離不開咱這班兵。

邱　冬（1949 — ），蓮花琴亭人，萍鄉市作家協會會員。

母親河軼事

扯 絲 草

油綠的絲草
叢生在碧水中
女孩一個裸體紮猛
母親河笑得全身晃動

塵封的貝殼

如今，河面漂浮著白沫
這並非大自然的摻和
水中再也見不著
扯絲草摸魚的女孩男孩
母親河的過去
已成爲塵封的貝殼

賀冰華（1951— ），蓮花良坊人。

訪　山　村

久聞山村景物佳，獨步登訪趁春華。
萬株古杉含露翠，一條幽徑入雲斜。
澗畔新茶香飄坳，梯田綠稻碧連崖。

幾隻紫燕呢喃處，竹擁紅樓繞煙霞。

游南塘水庫

一泓碧水綠油油，山色湖光眼底收。
蒼松滴翠鑲玉鏡，巨壩橫峽納清流。
風送花香柳拂岸，鷺旋水面蝦戲舟。
漁歌唱晚興更起，幾尾銀鱗爭咬鈎。

賀樹生（1953 — ）蓮花琴亭南门村人

春天三韻

春風

如奶奶手中的一把蒲扇
輕盈舒緩地搖曳
生怕拂醒了酣睡中的小寶
夢中的寶寶　　臉上綻開桃花朵朵

春雨

點點滴滴
爬滿了母親滄桑的面額
沁透了單薄的衣衫
田野裏　母親揮汗如雨
播下綠色的希望

春　雷

遙遠的天際
擂響隆隆的鼓聲
披蓑荷鋤的農人
踩著鼓點　踏著舞步
演奏春的序曲

朱文瑞 (1955 —)，蓮花荷塘人。當過兵、務過農、教過書。

我愛我的噴火槍

我愛火
因爲我和火打交道：
我愛油
因爲油與我背相靠，
參軍當上了噴火兵喲，
別提心裏多自豪。

有人說
“你小小年紀，扛不動這門‘炮’。”
有人道
“象你當個通信員有門道。”
同志，請你不要把心操呀，
小朱我不會這樣嬌。

說它重
我背十塊磚頭練長跑，
道我小
它還能比我大多少？
戰士職守記心中啊，
噴火槍咱一定握得牢。

裝塡
滿腔仇恨化油料，
瞄準
眼前猶見敵碉堡，
操槍
使盡全力挺硬腰，
修偏
誤差准比發絲小。

“噴火”
連長靶場將我考。
戰士舉目把我瞧，
一瓶、二瓶、三瓶，
一個、二個、三個，
火龍飛到處，
‘敵堡’濃煙冒。

同志呵
大拇指請先不要翹，
來日戰場——團團烈火出槍口喲，
再誇獎咱爲步兵開闢勝利道。

呵，噴火槍，
我的好夥伴，
火是你性格的寫照，
油是你生命的食料，
我願是火，我願是油，
誰膽敢侵犯我的祖國，
咱化爲火龍把它燒、燒、燒！

李良才（1956 — ），蓮花坪裏江上人。

獻給儲戶

假如你有一顆儉樸的種子，
請你千萬不要浸入酒池，
因爲最醇鬱的美酒，
也不能使它發芽催枝。

假如你有一朵美麗的心花，
請你千萬不要和賭博攀上親戚，

因爲最豐碩的果實，
也經不起它的貪婪狂吸。

假如你有一幅理想的藍圖，
假如你不想爲生活憂愁，
請你和儲蓄交個朋友，
它是你生活河流中的一葉扁舟。

肖祖德（1959 — ），蓮花南嶺圳頭人。參與編輯《蓮花縣志》（1989 年版）。曾在省、市級報刊發表詩歌。

在母親的羽翼下

在母親的羽翼下
我們已長出自己的翅膀
披在身上花襯衫般的溫暖
我們已經脫下
也許，還留有淡淡的餘熱
但不該沈湎
不該送它遠去
而常常讓回憶苦相思
無緣無故的傷心
無緣無故的流淚

想哭的時候

你盡情地哭吧
生活總有不順心的時候
而媽媽的懷抱
不是痛苦的避難所
不是眼淚發泄的池塘
母親的搖籃曲
還有搖籃般的母愛
以及這搖籃裏萌動著的天真
應存放於記憶的書架上
而今生活需要的
是自信的風帆
是自強的旗幟
即使有了不順心的時候
我們背誦的
不是媽媽的微笑
媽媽傾心的撫愛
而是媽媽的期待
媽媽的囑託

陳移新（1961 — ），蓮花神泉陳坊人。

給養蜂的姑娘

你是一隻不倦的工蜂，
成年爲釀蜜江湖浪迹。

北疆錄下過你的歌聲，
南國印遍了你的笑靨。

向生活捧一杯問候，
爲家庭釀一泓甜蜜。

姑娘喲，成天價跟著蜜蜂一同趕花，
卻忘了自己的花期……。

遺　　產

蒼耳種成熟了，
老蒼耳深沈地叮嚀再三：
“孩子，沒什麼可留給你，
贈你這身鎧甲，
去吧，四海是你的樂園。”

我長大了，
父親深沈地叮嚀再三：
“孩子，沒有什麼可留給你，
贈你這雙手，
去吧，把生活之路開創。”

——於是，我和小蒼耳一樣，

緊緊地抱住一個綠色的信念。

我耕耘神奇的土地

我是耕耘者
我耕耘神奇的土地

教室
這一片奇特的空間
滋長著
玫瑰色的希冀

我揮著教鞭
（揮著知識的力）
我趕著學問
奮力犁開了未開墾的處女地。

我在黑板上播種
點點滴滴
無數次反復
無數次疊印……

而收穫呢
也不是渺渺無期
從一封封的書信

裝著學生們收割的喜悅
一部部的學術論著
是一顆顆飽脹的穀粒

我自豪
我是耕耘者
耕耘著神奇的土地。

護林員的足音

山頂戴著一輪月亮，
枝頭結出幾顆星星
樹苗兒香甜地睡了，
林中響著均勻的鼾聲……

從綠陰遮蓋著的小徑上，
傳來一陣輕捷的足音，
踏著松柔的落葉，
步兒輕輕、輕輕。

近了，近了，
猶如緩緩叩動著的琴鍵；
遠了，遠了，
宛若山泉遠去的幽音。

在每棵樹前叩動，
在每條小徑叩動；
在每塊山坡叩動；
在每座峰頂叩動……

咱山裏的護林員呀，
查看著山裏千萬頃森林，
病菌聽見足音裂膽，
蛀蟲聽見足音逃遁。

山花在足音中打朵，
幼苗在足音中欣榮；
果子在足音中成熟，
黎明在足音中萌動……

貝　殼

厭惡大海的氣息，
想飄然離去。
向往想象中美好的岸灘，
做了大海的異己。

隨著污泥濁水，
沖上了沙灘地。
縱然大海千呼萬喚，

也沒有回歸。

於是，變成了空空的軀殼，
上面寫著沈重的歎息：
——拋棄了自己的大海，
　　　　自己也會遭到厭棄。

茶山即景

霧在山間香甜地酣睡，
小鳥憩在靜靜在樹丫。
朦朧的小路上，
陣陣笑語喧嘩。

霧醒了，在葉芽上窺視，
鳥醒了，拍翅驚訝，
一挂挂油茶子低頭微笑，
紅著臉，羞答答……

喲
一對男女青年上山來，
活躍在棵棵茶油樹下。
哈，溫情的山村姑娘，
背簍裏盛滿了幾多多情的話。

擷來銀鈴一串，
拎下笑靨一挂，
送來情歌一簍，
挑去秋色喲滿場灑。

媽媽，我要播

打開黎明的窗戶
飄來幾聲笑，和一陣灼熱
陽光，明媚的，暖融融的
象一支溫柔的歌
　　　　這是多麼
　　　　美妙的時刻

呵，媽媽，把種子給我

把那用淚水浸泡的種子
把那多少次選擇，又
多少次篩過的種子
把那蘊藏著多少歡樂
　　　　多少希望，和
　　　　　多少憧憬的種子
把那包著多少年的夙願
　　多少年期待的種子
——統統給我

呵，媽媽，我要播

您不要

　　不要對我再這樣說：

“莫忘記你父輩……”

是的，父輩也是播種者

　　曾經播出一片春色

在原野上有過收穫

但——

在那播種有禍的年月裏，他

用他那殷紅的、神聖的血液

把周天照徹

呵，媽媽，您別難過

過去的，已經過去了

雷雨後一定是日麗風和

父輩們流過血、灑過汗

以及

播過種的沃原

春風到過

一定會有收穫

呵，媽媽，您應該快活

我
播種者的後代
播種是我的天職
既然，還有蔓草
還有蕭艾
既然，還有荒蕪
還有寂寞
我就應該擦亮
　　　生銹的犁鏵
去——播

呵，媽媽，我的希冀已經播落

我播一片赤誠
　　長出叢叢綠萌
我播一片辛勤
　　長出陣陣歡歌
我播一片苦汗
　　長出溢香幸福
我播一片智慧
　　長出累累碩果

呵，媽媽，播種者是多麼快樂

山 村 酒 店

前，綻一片桃花
後，竹影兒搖搖。
山間的酒店呵，像徽章
別在大山的胸腰

用不著酒旗招搖，
用不著扯嗓高叫。
三五成群的趕集山民，
進進出出，熱熱鬧鬧。

魏老倌，要上兩三盅，
陳大伯，哼個爬山調
哪個不掏出滿把往窗口裏塞，
親親熱熱把老支書叫？

老支書就是店主，
正暢懷與大家談笑：
“致富之路有千萬條，
瞧，我不打了當頭炮？”
老大伯興致方酣，
楞後生臉泛紅潮，

滿店的酒香喲，
醉了山，醉了水，醉了山鄉父老……

焊

把理想溶成了熾熱的火花，
將青春燃燒在閃亮的光焰，
裁一段美麗的憧憬，
焊接起今天和明天……

月 下 夜 話

草帽托起一縷月色
汗珠兒閃著一片星光
邂逅在責任田邊
兩個老漢拉呱話家常

"喲，李老哥，收成怎麼樣？"
"嘻，總比你家強。"
"別吹牛，我家收成九千九。"
"一萬整，零頭不算。"

"就是嘛，如今實行責任制，
人鼓幹勁錢鼓囊。"
"今年撈個銀兜兜，
來日抱它個金兒郎。"

煙斗一閃一閃亮著光，
滔滔話兒如長江。
兩老漢披著今天的夜色，
心中升起了明日的晨光……

青　蛙

聽見你們這樣讀課文，
我心裏就覺得亂糟糟，
你們學校的阿姨難道沒教？
要整齊，不要各唱各的調。

嘴巴下蛋的孩子

別人批評他：
他腳兒一跺："滾蛋！"
別人做好事，
他眼兒一瞟："傻蛋！"
"笨蛋、混蛋、王八蛋……"
張口就是一個蛋，
母雞扇翅嚇傻了眼：
"喲，我比你還差得遠。"

劉利鋒（1962 — ），蓮花琴水楊梘人。曾在省、市級報刊發表詩歌

小 貝 殼

——廿四歲生日致 W

我的相思
是一條沉湧的小河
曾有過多少次感動
曾翻卷著多少
荒涼的浪波

枕著大地的臂肩
我羅曼蒂克了
企盼有一種真誠的呼喚
走進我的夢境
點亮我的寂寞

於是我的心被騷動了
幾隻稚嫩的山雀
在我的頭頂
撇幾聲滴鳴
隨浮雲掠過
幾朵嬌豔的山花
吐幾縷芬芳
隨季風飄落

呵，小貝殼
你雖然姍姍來遲姍姍來遲喲
但給我落漠的相思
捎來了不盡的歡樂
既然你沉浸在我生命的流程
我們就該有一條共振的脈搏
我不知道
這段漫長的流程
有多少迂回
有多少坎坷
但我的奔湧
不能沒有你呵
爲我嘹亮一程高昂的號角

當你毅然地挽著
我生命的第二十四個潔瑩的波瀾
我想輕輕的向你耳語
呵，小貝殼
你就是我遲到的秋天
那顆最璀璨的收穫

郭鐵飛（1962 — ），蓮花下坊人。曾在國家、省、市級報刊發表作品。

紅太陽與綠太陽

妹妹的畫稿上，
有兩個又大又圓的太陽。
一個翠綠翠綠，
一個通紅通紅，
紅色的太陽，
是爲了冬天溫暖
綠色的太陽
是爲了夏天涼爽。

雲 和 霧

雲和霧是對孿生兄弟，
離家同去拜師學藝。

霧弟弟耐不住一路艱辛，
躲在山谷貪圖安逸。

雲哥哥歷經千難萬險，
來到天空學會了造雨本領。

從此，只要花草樹木口渴了，
雲哥就灑下一片甘霖。

霧弟弟呢？可羞臉哪，

見著太陽就逃得無蹤無影。

嚴　鷹（1962 —　），蓮花高洲人。曾爲人師，現在南方以南放牧着自己的中年。

南方的記憶

鼻尖很涼
手心很熱
腳底的雞眼隱隱作痛

你的聲音在我耳膜中擴散爲年輪
多漣漪的橫斷面
是黑色石子沉溺的溫床
一遍遍掀動
一次次著涼

圍著一層層降落的暮色
在窗前站成黃昏
語言的骨骼支離破碎
眼睛濡濕了時間背後的結痂
窗玻璃上
細雨縱橫

沿一條直線回到南方的故里

不能忽視任何一個細節
窗外掠過一道道曾經的風景
每一道石階都是一個古舊的琴鍵
成年虛寒而發冷的腳心
硌痛了溫熱的記憶

在南方以南　　我曾做過一回北方人
當潮水退去
我不知道風是從哪一個南方吹來

如 果 能 夠

在漆黑的狹道上哼著不成調的音節
夜幕會一層層剝落　　天色漸亮
看見三三兩兩的羊只在草地上悠閒地踱步
啃著青草　　咩咩地喚著早晨
思緒在薄霧中遊動，那種乳白色的
薄霧　　象一塊薄紗
含情的眸子若隱若現　　如果能夠
慢慢地揭開　　掀起
讓曙光一剎那在唇間閃耀

如果能夠
在千萬個夢裏發出千萬次喊叫
沒有恐懼和驚嚇　只是喊叫

有空洞的回聲傳來　　在草葉上傳遞
露水圓潤得象一顆珍珠一顆黑珍珠
無法著落　　如果能夠
從半空中躍起跌入峽谷
也許能融入洪流挾滔滔河水奔騰

如果能夠
在播撒著期盼之後，　被龍捲風
席捲　　餘一片茫茫的貧瘠
只有一顆幸存　　逃過宿命的血腥
卻不能孕育而沉寂　　萬籟俱靜
太陽爬上來又落下去的掙扎與無奈
都無法企求奇迹　而如果能夠
在塵封千年之後，一場傾盆大雨之後
被沖刷的岩石間冒出一顆新綠
世界　　會爲之　　　傾覆

進 入 五 月

進入五月 就進入了一片雨季
進入了一片雨季之後熾熱的陽光
進入了陽光下一層層難以消化的
鱗次櫛比的鋼筋水泥的建築
進入建築外一小片陰濕的草地
然後跨過柵欄　　越過一切可以

越過的視線　到達思維的邊緣
進入一大片綠無盡涯的草原

起伏的綠茸茸的草原鋪天蓋地
在五月的陽光下散發出新雨的味道

進入五月　就進入了一片雨季
進入了一片雨季之後熾熱的陽光
進入陽光下的這一片廣袤的草原
沒有任何地方可以阻擋視野
就算是海拔很高的山脈
也只是柔和地伏在草原身邊
像一群黑色的黛色的白色的灰色的羊只
伏在那裏等待主人的吆喝
像牧民找到了一個豐盛的草場後
匍匐著五體親吻著我主的裙裾

散漫的羊只在那裏遊來蕩去
有幾聲得得馬蹄由遠而近

進入五月的草原　進入尚無人迹的
這片五月的草原
不會迷失　手心的方向始終向北
觸摸五月寬厚的眉額

清晰的紋路感應沈靜的心跳
打馬從這一片原色中走過
蹄聲留到最後　比心跳
還心跳　比雨聲
還不絕於耳

陳樹德（1962 — ），蓮花坊樓羅市人。現爲東莞市橋頭中學教師。

假　如

假如我能變
最好變把吉他
偎在愛人懷裏
接受深情的彈撥
那時發出的每個音符
既是她的心聲
也是我的表達

假如我能變
也可變朵鮮花
開在翠綠的枝上
承受陽光施捨
將來結出的每個果子
既有太陽的顏色

也有本身的光華

沏　茶

癡情的姑娘，
沏一次茶，
茶葉撮了半個把缸！

茶水濃得近墨，
小夥呷了一口，
唇舌頓感陣陣苦澀……

然而，
他勇敢地喝下了，
他說，這是愛情的瓊漿，
苦在嘴邊，甜在心上……

我愛家鄉的泉水

每個人都有愛的物件
我所愛的在我家鄉
它象少女脈脈含情
它象鏡子晶瑩明亮
它象乳汁甘甜可口
它象露珠純潔芬芳
啊，那是我家鄉清清的泉水

時時刻刻
在我門前歡樂地流淌

每個人都有愛的物件
我所愛的在我家鄉
它使小溪奔流不息
它使田野滋潤閃光
它使鮮花開得最美
它使豐收歌聲嘹亮
啊，那是我家鄉清清的泉水
年年月月
爲我們釀造生活的蜜糖

李曉斌（1964 — ），蓮花琴亭南門人。江西省作家協會會員，萍鄉市青年詩歌學會會員。已發表詩歌、散文、小說等文學作品 320 餘篇（首），計 38 萬字。作品獲多種獎項，入選多種選集。著有散文集《遠岸遥燈》。

中國書法

永字八法的禪意
誰在用畢生的心血參悟？
枯藤　夏雲　星辰
戲水的白鵝
遊龍般的劍舞

天地日月的精華
都從你的筆下流出

顛狂虯曲的線條
古樸端莊的點畫
是祖先行走的赤足
揮寫的袖手如一把利刃
疾風驚雷　山崩雲裂
翻騰的墨海被激情傾覆
龍翔鳳翥　元氣淋漓
五千年精神狂舞！

生宣上滲透的點點墨痕
仿佛滔滔的黃河水
是血，還是淚？
民族的悲歡離合，興衰榮辱
一紙素箋　一杆羊毫
怎能承載得住？

洗墨的池水早已澄澈
一泓夜色在黎明消隱
壘壘筆塚　多少書生意氣
一場春雨又長成茂盛的竹林
伐竹爲筆，讓我們續寫

中國的精 氣 神

春

泉水十里，捎來山花的清香
洇染村姑緋紅的臉蛋
牧鞭上的童謠比山路更長
讓婉轉的鳥語蟲鳴黯然失色
一抹綢帶似的煙嵐
擦亮鄉村經冬陰鬱的時光

江南的一汪汪水塘
鄰動的眸子深處
猜不透天空蔚藍的夢想
紫燕穿梭的剪尾裁出
細碎的柳葉
一枝含笑的桃花
斜簪在楊柳的鬟角上

犁鏵翻開大地的書卷
雙手插進春雨的詩行
陽光在文字的內部
爆開綠色的胚芽
莊稼齊刷刷地生長
我的欲望就是土地的欲望

多想變成一隻小鳥
在雨後的陵岡
啄食草尖上的露珠
多想和淳樸的鄉親一樣
把甜津津的生活
包進綠瑩瑩的艾葉米團
品嘗一個，舌本留香
於是，春天就含在嘴裏了

青　藤

面對地老天荒的落寞
你淡然　執著
柔韌地伸出攀沿的手
對抗狂風　淫雨　雷電
承受朝露　夕暉　霧靄

今夜　月光如水
藤蔓爬滿我的詩稿
一個野逸無羈的靈魂
一組蓬勃蔥綠的音符
在我的夢中
迎風吟唱

遒勁的鐵劃銀鈎
水墨淋漓地
狂草在冷硬的山岩
投射在懷素的蕉葉上

讓古往今來的書生
退筆千塚地臨摹

家 鄉 情 思

無論我走到哪里
眼前總閃現你的形象
在紙上我隨手一勾畫
就是家鄉山水的模樣

人們一提起你
也許會這樣聯想：
荷花溢彩　稻浪流金
江南魚米鄉
而每當我深情地想起你
一條清澈的小河在胸中湧起波瀾
淳美的鄉風　如歌的時光
令人悠然神往

血與淚的冬夜被一場大雪收藏

汗與火的春天在百花枝頭開放
破舊的老城宛如核桃乾癟皺褶
只留在泛黃的老照片上
嶄新的蓮城彷彿巨人氣宇軒昂
屹立在生活的新景框
百畝廣場綠茵如毯
那是脫貧致富的蓮花人民
挺拔的胸膛　多麼寬廣

這塊土地就像傳說中的息壤
每天變化著嬌美的模樣
這塊土地就像插上了風帆
每天都在加速遠航
到處是驚魂裂魄的崛起
到處是激動的含淚的眼睛
到處是豪情和自信的微笑
這就是我們的家鄉

打開萍鄉的版圖　端祥
多像雄鷹展翅翺翔
蓮花呢，就是鷹的翅膀！
淩空排雲　搏擊風浪
九萬里雲霄扶搖直上
天空多麼高遠　大地多麼寬敞

滿目錦繡呵披盛裝
這不是詩人的幻想
而是家鄉今朝的輝煌

趕 集

去市集的路七扭八拐像根藤
牆上的標語散發著油漆味
母親挑著一擔籮
一頭大母雞　一頭瘦小的我
雞蛋都換成米
饞嘴的娃沒聞過荷包蛋的香
而今母雞也賣了
以後拿什麼去換糧？
籮筐裏的我晃悠悠地看
藍瑩瑩的天
卻不知母親的腳步兒有些亂
扯下藍頭巾揩滿
白花花的淚……

如今，趕集路上真新鮮
三月紫茄黃瓜就上市
電驢子馱起村姑乖乖跑
鴨販子用大哥大談生意
什麼樣的開心事

樂得大伯滿臉的皺紋裏
流淌著笑
人群裏激起歡快的浪？
原來，老槐樹上的喇叭說
土地延包三十年！

蒜頭　生薑　紅辣椒
看看都使人鼻尖兒直冒汗
但最辣心的不是"朝天辣"
而是綴滿青苔塵泥的老標語。

蓮　城

一件蓑衣就能覆蓋的
一隻螞蟻就能馱走的
小小蓮城。贛西的山川
風塵僕僕行走西南，一朵蓮花
挽住一朵雲霞。一條小溪
給它打上漂亮的
領結。一個純樸的孩子
誰領你走進絢爛的春天？

城牆在風中哭泣殘損
水鳥在水田飛翔銀白
一頭不能耕地的老牛

反芻夕陽反芻隔年的稻草
一片燃燒的紫雲英
與高大的廣玉蘭媾和

生長詩歌的故地，還會生長
一些什麼。玉壺山的闕口吹來
南風的歌唱，歌聲帶來了
種子　　玫瑰　　陽光
小小蓮城，一枚鑲嵌翡翠的
戒指，戴在時代的手指上

孽龍洞隨想

誰說柔弱是柔弱
女兒是水做的？
堅硬如鐵的岩石
怎像隨意捏塑的麵團？
漫長的溶蝕、穿透
柔水呵
比開山鑿更厲害！

穿行在夜的峽谷
磕磕碰碰、彎彎曲曲的夜
在石頭的天宇下摸索
恍然走進安源的往昔

洞口的一絲光明
那位曾經屈辱的偉人的目光
照耀歪歪斜斜的腳印

誰沒有遭受過磨難
就讓所有的磨難
都化作張牙舞爪的孽龍吧
攥緊滴水的韌性
把苦難的磐石磨穿！

顏　溶　（1964　—　），蓮花升坊人。在《詩刊》、《星星》等國內 40 餘家報刊發表詩歌 300 餘首。

送　別

最後的語言凝煉成目光
你留在碼頭　我留給船艙

汽笛吶喊著高揚起手臂
不知是否聽懂我的叮囑

你遠遠在風中飄舞的紗巾
多像一朵潔白的浪

你是一瀉千里的海水

我是海水邊寧靜的岸

不是夢　不是虛幻

常有一縷玫瑰飄過來
那是你的聲音

常有一顆心向我叮嚀
那是你的溫情

不是夢　不是虛幻
擡一擡頭
你是我頭頂上輕飄的雲

常有一束目光關注我
那是你的眼睛

常有一個影子伴我遠行
那是你的身影

不是夢　　不是虛幻
我是遠空直升的雁
你是寬闊的雲天

檸　檬　樹

你在檸檬樹下送我
遠遠地
你站成一棵檸檬樹

在我看不見你的地方
你在我的心上生長
你沈重的枝幹　把我的夢
切割成碎片
你結滿青青的果子
酸了我的思念

檸檬樹
檸檬樹
我心中的檸檬樹呵

酒　盅

最難忘你一低頭的溫柔
你淺淺的笑靨是酒盅
斟滿甜蜜的憂愁
路在腳下　即將載我遠去
你送我兩隻酒盅
伴我上路

在我疲倦的時候
我會抿一小口
你沈默的酒盅裏
有最嘹亮的祝福
路還有很遠　我不能喝醉
我抿一抿小口
邁開了腳步

陳利斕（1964 —　），女，蓮花坊樓人。曾在《人民日報》、《工人日報》、《天津日報》、《湖南文學》等報刊雜志發表詩歌、散文、小說、報告文學、隨筆等作品數十篇。

夢裏蓮花

今夜無雨　星光點點
夢在異鄉的枕邊
以她柔曼的十指
叩響　蓮城美景的門扉

文塘的石板路彎彎
攬住滿山醉人的白霧青竹
綠色的森林豎起耳朵
聽鼓鼓風聲
掂起紅四軍出發時的腳印
瞻首微笑

白竹的瀑布醒來　陽光碎了
滿地的斑斕　滿目的金華
曾經的邊鎮　戴著斗笠
默默不語　遙看那
千年銀杏和紅豆杉
花開葉綠　與滿樹的陽光擁抱　親吻

陽春的古民居　藏在深山閨中
不爲人識　一條月色如銀的水路
攪得蓮城的心兒泛漣漪
官廳撫摸自己長長的白須
思念從這裏走出的蘇維埃戰士
深邃的雙眼　牽住紅土地無限的眷戀

夢裏蓮花　一石一木一樹一路
那麼親近　那麼遙遠
那麼熱烈　又是那樣的含蓄
她是五百里井岡一枝杜鵑
有些羞怯　又滿懷霧氣
向你迢迢招手　頻頻致意。

飛　翔

不要陷在人際的泥淖中

這樣會越蹭越深
不要攀附在名利的花梢上
風一吹就凋零得無影無蹤

不要幻想兔子和烏龜再來一次賽跑
人生的遊戲適用一次就會過時
不要設計別人的舞臺自己歌唱
生活的原則一旦修改它就失效

要做就做完全的自我
不相信上帝而信任自己
沒有救世主而依靠不懈的努力
好好把握
讓心學會飛翔

穿越世俗的塵埃唾棄功名的磁場
丟掉幻想的外衣放棄設計的圖謀
世界是你的你就是完整的世界
只要你堅持飛翔

老　鄉

一聲老鄉
就有了親切的握手和問候

這時的鄉情
是兒時熟稔的笛葉裏吹出的音符
溫柔地
在喉間奏起
在手心輕舞

老鄉是故土一幅風景畫
雙眼是屋後的兩汪山泉
鼻梁是父親挑彎的扁擔
那棕黑的臉龐
如塘邊的那叢秋藤
曲曲彎彎健健壯壯寫著農田的
四季風光

一聲老鄉
足下便有一條欲近漸遠的歸途
在對視的一刻
遙遙招手頻頻回顧

李冰嬌 （1969 — ），蓮花閃石湄下人

路工情懷

烈日當空
樹梢兒一動不動

揮鍬汗如雨注
車輛高鳴
相繼拂塵而去
留給我心一片渺茫……
夏日炎炎
道路漫漫
如何面對
這份長長的煎熬
挺起腰杆，戰勝困難
成功就在再堅持一下的努力之中

幸 運

不要慶倖涉世之初
沒有爲生存而四處奔波
那千回百轉的艱辛
在陶冶人生的意志

不要自喜沒被七月驕陽
烤得面目全非
那痛苦的磨煉
更能堅定一顆進取的心

不要欣慰於
沒有流淌過澀澀的汗水

那晶瑩的清泉
會滋潤生命永恒的意義

黃小名（1970—　），蓮花荷塘人。1987年開始正式發表文學作品。迄今，共在全國40餘家刊報（臺）發表、演播各類（音樂）文學作品300多篇（首），其中歌詞100餘首。《蔚藍色的思念》還被入選《中國當代歌詞選》。

鄉巴佬

喝的酒又濃又烈
走的路又長又彎
哼的調又粗又野
穿的褂又黃又藍

一個字不打實便會把你看扁
一個字漏了嘴便會把你娘牽
三句話對了胃便會丟了從前
三碗酒下了肚便記不起昨天

鄉巴佬就這性格兒
皇帝老子也休想改變
鄉巴佬從不耍心眼兒
敞開胸懷大步奔向燦爛的明天

故鄉小竹橋

故鄉有座小竹橋
總是讓人忘不了
跟著爸爸去狩獵
陪著媽媽割牛草
都要走過這小竹橋
啊，小竹橋，小竹橋
故鄉的小竹橋
灑下我多少童年的歡笑

故鄉有座小竹橋
總是在我心中搖
挎著蔑簍去撿柴
背著書包上學校
都要走過這小竹橋
啊，小竹橋，小竹橋
故鄉的小竹橋
你永遠讓我忘不了

玉壺山之戀

玉壺山又稱壺山，位于江西省蓮花縣城東面，脚瀕蓮江，整個山群峰連數十，遠看似壺。相傳爲齊天大聖大鬧蟠桃宴醉酒後拋下的一祇仙家玉壺幻化而成，故名。山有"吴牛喘月"等景點多處……

一個沉睡千年的故事
在我們的呼喚中悄悄蘇醒
一個神奇無比的傳說
被身邊的琴河輕輕吟詠
啊，玉壺山，玉壺山
改變不了的是你的美麗
滄桑不了的是你的笑容

月是吳時月
只是敲鍾的人兒換了新面孔
風非昨日風
只是尋春的少女情還是一樣濃

月非吳時月
只是青青楊柳撩起簾簾幽夢
風非昨日風
只是思鄉的遊子心還在玉壺中

杏花・春雨・江南

是誰在我夢中撐著小船
是誰在我歌中打著紅傘
一雙繡鞋踩傷了一朵馬蘭
留給少年兩眼模糊的春天

啊，春雨沾濕了你飄香的長袖
杏花染白了你烏亮的小辮
你是我永遠割不斷的深情
我的故鄉，我的江南

是誰讓我流淚沒有心傷
是誰讓我受苦沒有怨言
一支竹笛吹醒了一幅畫卷
嫵媚動人你又站在我面前
啊，流水帶不走你美麗的容顏
炊煙升騰起我對你的思念
你是我永遠讀不倦的詩篇
我的故鄉，我的江南。

朱生林（1970 — ），筆名朱求，蓮花三板橋人。從1988年開始發表各類作品，包括新詩、散文詩、歌詞、散文等計百餘篇，近十次獲省市以上文學創作獎。

父　親

我一出生
你就要我把爺爺的脾氣記牢
告訴我祖上的酒葫蘆和長煙斗
是怎樣的迷人
大年三十

你總是多喝了點
醉兮兮抓一把鈔票給我
然後說
這是用血汗換來的
我似懂非懂
不敢回答

我的生日
你用紅紙寫我的庚貼
寫你取的那個筆名
和母親贈你的那首詩
你寫得工工整整寄向四面八方
怕我著涼
你把爺爺留下的那床破棉襖
　披在我的肩上
襖上還有蝨子
我滿臉羞怯
你卻不停地催促
該出港了該出港了早該出港了

七 月 十 五

一

秋夜魂飛

明月暗泣祭酒如雨
淅瀝。一路長歌
祖祖輩輩子子孫孫
披星沐夜
斷腸人去
離彷徨而去
　　　　　去
　　　　　　去
　　　　　　　去
送千年默然而去
送麻木愚昧而去
聲聲鞭炮如陣陣咳嗽
硝煙爲月色布陣
微茫爲你伴程
紙錢翩翩
卡拉 OK 爲你壯行
把留戀推進碎步
去也
和星晨一路奔馳
和雨夜一同湮沒

二

潮汐剛過
翺翔的呼喚

邂逅成一種隱遁的意象
太陽風刮遍雨季
微笑終歸哭成了悲愴

還有零星的芒草
撲向黎明
醉了，新的壙野
讓兒子進化成父親
　父親進化成泥土，西餐
　　魂
　　　魔鬼和血

時間的臆語

一

很久很久以前，就有一個很習慣的習慣：等待日出。

當那彤彤的霞光從東邊彌散開來，那種磅礴，那種瑰麗，那種燦爛，讓我永遠驚詫！

爲了看日出，總盼望黑的夜儘早過去。

二

“東邊有山，西邊有河……”

我們讀李白杜甫。

我們唱黃土高坡。

我們談老人與海。
我們聽門德爾松。
一不小心，我們就成了男子漢。
我們開始談股票、模特、錢和哲學家。
我們開始爲中國隊大喊大叫。
我們的前面是一馬平川。
我們正站在爺爺、爸爸的肩膀上。
我們正暗暗地和爺爺、爸爸較量。
不用翻地圖了，我們的眼前經緯縱橫。

三

昨天，今天，明天……斷續的片段連成了時間，
過五湖漂四海，時間從無極到無限。
風，並不是吹遍世界的；
雨，並不是盡恣汪洋的；
不管永不永遠，我們總是把過去拋到腦後。

四

沒有任何幻想可以臆測銳氣的力量；
沒有任何夢境能把未來刻畫得盡善盡美；
“從來沒有什麼救世主，也沒有神仙皇帝……”
昨天，先輩們爲我們準備了精神、道路和磨難，
今天，我們可繼承的只剩下前進、前進、前進！

再　見

如果歌聲會有回響，
我一定聽得到你含淚的真誠和揮手的激動；
如果愛是沒有商量，
我一定把所有的美麗所有的心願一起帶走；

依然是滿天的星斗，
那閃爍的星星，是爲我們點亮的燭光嗎？
依然是和煦的晚風，
那粉紅的夏夜，是爲我們點綴的色彩嗎？

無論大海之濱，
無論峻嶺之麓，
請把我們的情意帶到四面八方；
無論山有多高，
無論水有多深，
請把我們的友誼灑向天涯海角；
只要心中充滿太陽，
好人定會一生平安！

劉志剛　（1971 —　），蓮花三板橋人。數年來，用一支柔弱的筆，在南方物欲橫流的溝壑中艱難前行……

畢業的季節

畢業的季節有一個美麗的故事
畢業的季節有一段苦澀的日子
美麗的故事點綴不了苦澀的日子
苦澀的日子掩埋不了美麗的故事

來不及看看窗外的世界
我們匆匆走進了畢業的季節
畢業的季節有好多好多太陽
我們在太陽下揮汗
無雨的日子裏我們揮汗如雨
臆想自己能長出彩色的翅翼

畢業季節流行各式各樣的衣裙
畢業的季節從不流行笑聲
每個人的臉上凝固著
一行行看不到盡頭的預言

告別那張課桌
據說在畢業的季節裏
有只只唱著歌的小鳥
飛向用阿拉伯數字拼成的陽光
還有只只斷線的風箏
在畢業的季節裏

拆了腰

李曉君（1972 — ），原名李小軍，蓮花琴亭人。有詩在《星星》詩刊、《詩潮》、《詩神》、《綠風》、《星火》等刊選登。曾獲《詩潮》“米佳杯”全國新詩大獎賽二等獎、“沙河杯”全國新詩大賽三等獎項。現任江西省作協秘書長。

一個被暗示的夏天

我從一扇塗著白漆的窗子裏望著你
你像一隻閒適的水鳥
平靜地躺在海邊的沙灘上
夏天的風用十根清晰的手指頭
梳理你的亂髮，你歌唱著
用甘甜的桔子汁的心情

你的腳趾頭摳進夏天敏感的部位
頑皮、狡黠，你手臂上挂著念珠般的水滴。
海水的藍使我變得純潔而大膽
我用傍晚的沙棘爲你寫下帶刺的詩句
我心情的潮水緩緩地跌落

午後會有意想不到的陣雨落下
密密的雨簾裏，陽光像佈景裏的燈
頑強地透射進來，照見金色蜂群

忙碌而單薄的翅膀
被濡濕的花粉，現在還粘在青春的臉上
顯得嬌柔而尷尬，

我會留下一個無用的地址
以一個身份未明人的詭秘
給你一個永無終結的懸念
一個穿行在時間邃道裏的姓氏
在你鼻尖上落下一個雀斑那麼大的陰影
你會從燦爛的午睡裏清醒過來
睡衣從一隻肩膀滑落，你會隨便撥個號碼
給自己的內心打一個電話
尋找一個自我安慰的理由

我將從一個紙屑飛揚的夏天脫身
像一隻心情不錯的甲蟲背負沉重的沙土
我有許多遺憾，但沒有虛度青春
關於愛情，我像一位深藏不露的隱士
敢於嘲笑花瓣上毛草，慌亂的蜜蜂

借用一朵花的名字命名愛情

情歌唱到這裏，喉嚨中的干火
已凝結爲片片飛散的凋零
隔開手指上朦朧的暮煙，愛情；

酡紅的姿顏在白色的世界升起
壓彎枝頭的，是一個飽含血氣而又晶瑩的名字
寒冷的已是高邁的心！

吹笛的指節還在記憶裏發出脆響
描眉的狼毫小筆早已腐爛在一方生宣
大片的飛白中。借用一朵花
它的光亮能否抵銷今夜足夠多的黑暗
和沉重？懷抱鮮花的手
至今還保持著彎曲的形狀
而花朵已返回高枝，愛情
在這樣一個冬夜遁入靜寂的空穀

你在枝頭，神情還保留了太多的冷豔
紅色的激情斂聚深合的內心
如果雪被成爲愛情的雨披
我觸手皆是寒冷
你在悲憫中綻露出一兩點綠蔭
但已不能蓬勃我荒蕪的田地
情歌唱到這裏，命定的琴弦割破手指
雪花紛紛震落

我無法笑傲，或者銘記這微簿的美麗
幸福一生。當對酒高歌的情致

換成了漫長的黃卷青燈的緬懷
我是否還能在推開窗的黎明
被雪地上不住地咳血的女子感動
你已隱身其間，而我的心
也和這飄落的雪花沒有什麼區別！

劉新龍（1973 — ），筆名木西，蓮花升坊浯二人。1995年開始創作，先後在《江西青年報》、《江西日報》、《贛江大衆報》、《民族文化報》等報刊發表散文、詩歌、隨筆，小小説等。

往事偶拾

詩雨紛飛的季節中
我們不經意地相逢
同樣是詩雨紛飛的日子
我們習慣於天各一方
像流星劃過天際　天際閃過
　流星
那時　我輕輕地轉過身　揮揮手
我曾經背井離鄉　不屑回望

我一路尋找那種叫做靈感的
　　東西
我想一路上放歌　一行行寫詩
我的心走得很遠　卻又無處可歸

直到有一天　一隻受傷的鳥
不停鳴叫於樹梢　突然
撞進我的心底
一如當初那首小詩叩開我的心扉
某種渴望　想起來傷心

偶然的相逢
哼哼哈哈的話語中
一些無關緊要的往事被打撈
那些最關鍵的字句繞道走開
今天天氣真好　我們都說
然後　分道揚鑣

夏日，你從我窗前走過

夏日
我端坐在窗前　任憑陽光
翻閱　十年前的心情
第九百九十九朵玫瑰
一如你那不經意的眼神
在夏日的午後　從我窗前一閃而過

我如一只水土不服的候鳥
沉沉暮色　無處歸心
我的眼睛　與如火的夏日格格不入

在夏日　在你毫不在意的誘惑裏
流連忘返　遐想聯翩
我竟然決定留下來　停止遷徙
一個期望與苦悶並存的夏日
我端坐在窗前　等你
在時間之外　在風暴之外等你
當你從我窗前一晃而過之際
我才發覺　等待不過是用一首
簡簡單單的童謠　釀造成
一杯　悲喜交加的美酒
在無人的角落裏　痛飲

月夜笛聲

是誰在月明星稀的月夜
短笛橫吹
清風飄過窗前
唯有樹影婆娑

心中的歌　摻和悠揚的笛聲
輕輕拍打　遠去的記憶
所謂伊人
在水一方

曾經那麼固執地

讀著你的眼睛
也是一個竹笛聲聲的月夜
我們學會了放棄
曾經是怎樣的執著
將你的背影送上曲折的歷程

月夜笛聲
喚起塵封的回憶
有些人　只能在月夜想起
有些事　只能在笛聲中忘記

讀　　你

又是一個山窮水盡疑無路
的季節
又是一個月明星稀輕風徐
　　徐的晚上
讀你的眼睛
我把自己　站成一道
風姿綽約的風景

一千扇門　代表同一種心情
一千個夢　重復同一種期盼
爲了一個簡單的理由
我拒絕進入　任何一扇

爲我而開的門
只因　在你的眼裏
讀到一抹難以捉摸的眼神

第一次陷入　艱難的跋涉
只是偶爾的剎那間
你的眼睛才真實地
流露　瞬間的真情
即使如此
也使我熱淚盈眶　如獲新生

尋　覓

在雨中　尋覓
濤聲依舊
畫一個長長的問號
在雨中　在淅淅瀝瀝的雨中

想不想你　沒有人知道
總是感覺到
飄落在斜風細雨中
每一片楓葉　都像你
像你漸走漸近的身影
在雨中　向我靠近
帶著一副落寞的眼神

信步走進雨中
撐不撐傘已不在乎
有沒有結果並不重要
只是想通過一個獨特的方式
向世界聲明
在蝴蝶折翅的雨季
曾經有一個人
爲了一次不經意的旅行
在雨中　在你背過身之後
依舊苦苦地尋覓

三　月

一顆石頭　被不經意的行者
拋進碧綠的湖面
三月的陽光
一如你不經意的眼眸
掉進我心裏　直達夢境深處

三月的陽光
總讓我想起一個地老天荒的傳說
精衛填海　抑或杜鵑啼血
都是一樣的尷尬和無奈

我不止一次地用詩類比你的笑臉

我感受到在這個詩雨紛飛的季節
喜歡一個人　或者拒絕一份情感
總比回憶一個人或一件事還難

多麼美好的陽光　多麼美好的日子
可是　又是誰橫亙在你我中間
使我們無法從容面對
夢中　我分明看到那雙憂傷的眼睛
撞入依然美好的夜晚　輕叩我心

想　你

那時
你輕輕地向我揮手
你說　明天還會繼續
一切都會有的

在讀你的時候
你側身而過
那時蛙聲已起
月色依舊
從一種錯覺過渡另一種錯覺
從一雙眼眸走進另一雙眼眸
在想你的時候
我把自己皈依成

只有你才能明瞭的風景
在你必經的街頭
次第而開
僅僅爲了你
不經意的一瞥

朱利生（1974— ），蓮花三板橋人。熱愛文學，經常有詩歌見諸報端。

雨 季 花 開

是一場春雨
還是一行清淚
使愛情涉水
嫣紅了春天的明媚

倚門遙望的女子
是否看到了紅塵之外
詩人駐足的渡口
落花遍灑了蘭舟
聲聲鳥鳴
在雨裏一次次斜飛
那些清脆的呼喊
仍然挽不回花的憔悴

雨季花開
只是一次青春淒美的綻放
那頻頻被湮滅的芳香
總是浸濕了深情的土壤。

愛 在 冬 天

多少年了，我的渴望
還在冬天的雪花之上飛舞
極地的陽光已經很遠
在我眼裏她只是一枝雪蓮

那盛開在地底深處的雨水
來年會繞上誰的枝頭
舉目山山水水
在寒風裏冷卻爲一片沉寂

這個晶瑩的季節
在我的花瓣裏早已瘦成了一粒淚水
冰雪不語，紅顏空枕
在我轉身的時候一切都已融化
愛就是一隻鮮紅的蝴蝶嗎
仍是這樣鮮豔欲滴
仍是這樣生生不息

山村女教師

你把這幅美麗的畫
挂在教室的泥巴牆上
孩子們清澈的眼裏
從此便多了一個太陽

粉筆灰成爲最樸素的脂粉
高跟鞋和連衣裙常常被壓藏箱底
你的青春在這裏彎下腰來
那高高的山 頓時就矮了許多

三尺講臺
以及由此延伸的每條泥濘小路
你年輕的汗水成爲種子
讓你山裏的春天開放著天使
一般的笑容
我不知道是什麼原因
你纖細的身影竟然蘊含著特別的力量
說起你的時候
孩子們會這樣興奮無比
而滿臉滄桑的老人
又常常激動得說不出話來。

夏天我忘記了陽光

夏天，一些水草的種子
生長著憂鬱的蟬鳴
七月的村莊
在酷熱裏跌落了惟一的笑聲

起起落落的稻田
讓我的跋涉戛然而止
這些被淚水和汗水頻頻淹沒的夢想
讓我忘記了夏天還有陽光

成群結隊的往事
在這些水草的呼吸裏時隱時現
一隻孤獨的鳥站在樹上
它似乎看到了這個村莊很遠的憂傷
只有一個騎著水牛的孩子
他一點也不相信歲月的笑容很深很深
一個穿著綠裙的少女
一直呆在蔚藍的湖邊
從沒看見過春天的皺紋

該起程的都已經起程了
也許我不應該爲這些顫抖的靈魂擔憂
這些無人問津的孩子

是否也和我一樣
在夏天忘記了夏天
在陽光裏遠離陽光

嚴波普（1984 — ），蓮花高洲人。

我幻想一片藍天

我幻想一片藍天
有花、有草、有樹林
逍遙自在
不理塵世的喧囂

我幻想一片藍天
有你、有我、有大海
無憂無慮
張開手臂享受逍遙

我幻想一片藍天
只要一所小木屋
種兩三塊田
在無際的大地上多麼渺小

我幻想一片藍天
在時間的流逝中

端一杯綠茶
執子之手，與子偕老

歡　樂

我看見
歡樂的眼睛
從中射出了一股火一般的
熾熱的熱情

如太陽般溫暖
如羽毛般溫柔
如牧童的短笛
遠鳴悠揚

像微風一樣
輕輕地走近
揚起她美麗的裙擺
--夢跳起了歡快的拉丁

噢！我真的不敢相信！
歡樂女神在向我點頭致意
在漆黑的夜空裏
我彷彿看見了繁星

劍　影

看啊！
阿波羅的聖劍
斬斷黑暗
駕馭著光與火的馬車
凜凜而來！

那礙腳的頑石算得了什麼
在我熾熱的眼裏
它只不過是一灘泥濘
一切苦難
都因我的到來而煙消雲散

瞧！
翠綠的橄欖樹葉
也爭著向我點頭致意
它們都在向我傳達勝利的消息
神聖的桂冠在等待我的來臨

噢！那陽光所到之處
都佈滿了我聖潔的劍影

後　記

蓮花自古民風古樸，人才輩出，歷代詩人很多，詩詞、散文稱大家者不少。最有名的如元代名僧釋惟則，明代理學家、文學家劉元卿，二甲鴻臚江玉林，清末帝師朱益藩等。但因種種原因，很可惜他們的作品大都散佚，流傳極少。本縣旅居臺灣的名作家賀志堅先生鄉情深厚，爲使這些詩詞不再繼續散失，特向白帆提供意見望儘快聯絡喜好和雅愛文藝的人士，將蓮花古今詩詞，儘量收集，校訂成書。個人頗感興奮，立即邀集友人，共赴其事。緣此集子之出版，既可以看到不同時代的民情風貌，也可以看到韻律進展的必然沿革，金玉合璧，雙關兩全，形成一個“古今詩詞熔鑄一爐，新舊體例互相輝映”的局面，大有裨益於蓮花韻什多層次的進步。從這個意義遂產生了《歷代蓮花人詩詞選》。

最難得的是，陳天相、李炳恩、陳移新、李良才、賀樹生、周忠林諸先生，都相繼爲這選集，付出了高尙的義務行動。從徵稿到校訂，在條件較差的情況下，分域斧斲，全神貫注，終於合篇成書，費盡了心力，感人至深。

此次選集徵稿得到蓮花廣大人士的積極回應，雖然截稿日期到五月底止，但此後仍有作品不斷寄來。徵稿對象原則上只限於蓮花本籍人士，作品體裁不限，含古風、近體詩、詞曲和新詩。經過半年多的徵稿共收到 80 多位作者 1560 多首詩詞稿，（另外還搜集到元、明、清、民國歷代作者 100 人 160 多首詩詞稿)。經近一年的搜集整理選稿編輯，從 1700 多首詩詞來稿作品中遴選收錄了 179 位作者的 576 首舊體詩作爲上篇；122 首新詩作爲下篇，合計 698 首合篇成集。對其中不合格律的詩，考慮到其立意構思尚可，而將條件適當放寬，作爲古風收入；對不合韻律的詞曲則只好予以捨棄。至於編排體例，按朝代和作者出生先後爲序，以體現尊老愛幼之傳統美德。

《歷代蓮花人詩詞選》得能付梓，如果沒有賀志堅先生的倡議及捐資，不會有這一選集在如此短時間內面世；如果沒有上列諸先生的辛勤勞動，也不可能有這一集子的開花結果。同時十分感謝臺灣文史哲出版社和彭正雄先生的傾力幫助出版發行。這是蓮花人將永難忘懷的一件好事。

本書由於條件不夠寬裕，兼之纂訂時間過於匆忙，有的作者無法聯繫，難免有遺珠之憾。疏漏和差錯之處也在所難免，尚祈社會人士指正。

李白帆

二 00 五年歲次已酉重陽